KB267824

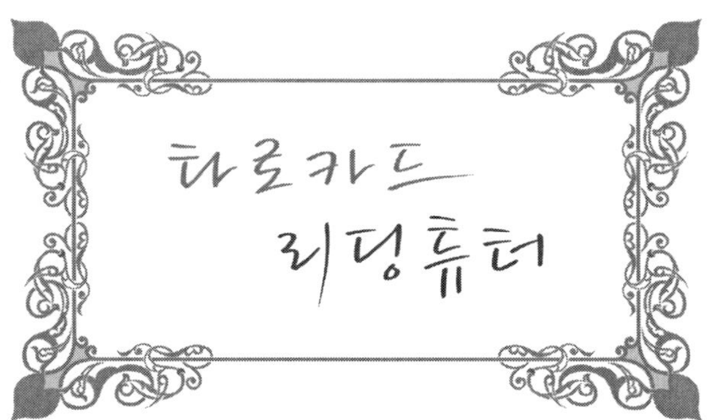
타로카드
리딩튜터

타로카드 리딩 튜터

칼리 지음

초판 1판 1쇄 발행일 2010년 4월 20일
초판 1판 2쇄 발행일 2016년 2월 25일
펴 낸 이   이 춘 호
펴 낸 곳   당그래출판사
출판등록   1989년 7월 7일
등록번호   301-2005-219호
주   소   100-250 서울 중구 예장동 1-72
대표전화   (02) 2272-6603
팩스번호   (02) 2272-6604
homepage   www.dangre.co.kr
e-mail   dangre@dangre.co.kr
ISBN   978-89-6046-023-2

칼리 지음

타로카드 리딩튜터

당그래

Certified Tarot Reader Examination (CTR)
당신은 타로를 읽을 수 있는 재능을 가진 리더로서
당신은 첫번째 자격을 인증받게 됩니다.

당신은 78장의 카드를 모두 이해하고 정 방향과 역 방향을 읽어낼 수 있으며
1~7장을 사용하는 스프레드를 사용할 수 있어야 합니다. 당신은 타인에게
'타로란 무엇인가' 에 대해 당신만의 생각을 설명할 수 있어야 합니다.

CTR은 기준 있는 읽기의 기본을 가지고 있는 사람을 뜻하는 자격이며,
초급자를 벗어난 단계의 사람들에게 주어지는 자격입니다.

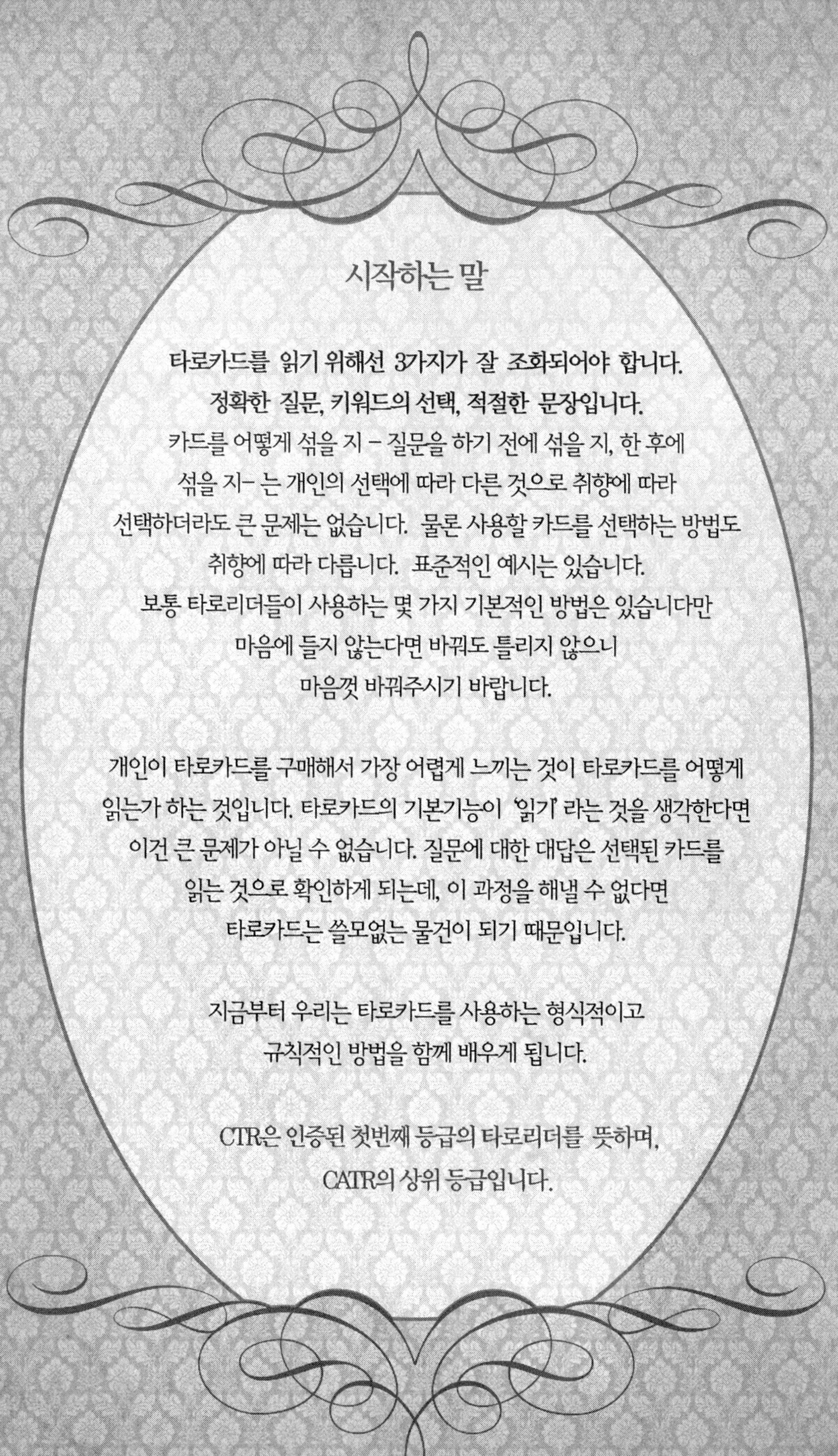

시작하는 말

타로카드를 읽기 위해선 3가지가 잘 조화되어야 합니다.
정확한 질문, 키워드의 선택, 적절한 문장입니다.
카드를 어떻게 섞을 지 – 질문을 하기 전에 섞을 지, 한 후에
섞을 지– 는 개인의 선택에 따라 다른 것으로 취향에 따라
선택하더라도 큰 문제는 없습니다. 물론 사용할 카드를 선택하는 방법도
취향에 따라 다릅니다. 표준적인 예시는 있습니다.
보통 타로리더들이 사용하는 몇 가지 기본적인 방법은 있습니다만
마음에 들지 않는다면 바꿔도 틀리지 않으니
마음껏 바꿔주시기 바랍니다.

개인이 타로카드를 구매해서 가장 어렵게 느끼는 것이 타로카드를 어떻게
읽는가 하는 것입니다. 타로카드의 기본기능이 '읽기' 라는 것을 생각한다면
이건 큰 문제가 아닐 수 없습니다. 질문에 대한 대답은 선택된 카드를
읽는 것으로 확인하게 되는데, 이 과정을 해낼 수 없다면
타로카드는 쓸모없는 물건이 되기 때문입니다.

지금부터 우리는 타로카드를 사용하는 형식적이고
규칙적인 방법을 함께 배우게 됩니다.

CTR은 인증된 첫번째 등급의 타로리더를 뜻하며,
CATR의 상위 등급입니다.

Contents

시작하는 말 · 5

질문 Question
질문에는 어떤 것이 있을까 · 10
모든 것이 질문일까 · 11
일반적인 질문, 좋은 질문이란? · 12
여러 가지 답 · 14
사람들이 기대하는 답 · 15
질문자에게 질문하고 대화하라 · 17
질문에 따라 무엇을 선택해야 할까 · 19

읽기 Reading
선택(Choice) · 22
질문자와 카드리더는 분리된 존재 · 26
삼각형, 타로카드의 구조 · 27
Triangle형식 (Form) · 28
기준(Criterion) · 31
표준(Standard) · 36
기본(Basic) · 37
원하지 않다 – 필요하지 않다 – 가능하지 않다 · 38
윤리지침 (Ethics) · 40
최소한의 선 (Guide line) · 41
반응(Reaction) · 42
－좋은 질문에는 질문자가 반응한다

Contents

해답 Answer

질문 골라내기 · 46

답은 여러 가지 행동(Action)의 제안 · 48

가장 읽기 쉬운 미리 예문 만들기 · 59

정답은 듣는 순간 왜 답인지 이해할 수 있는 것 · 60

For 카드리더 Tarotcard Reader

순서 (System) · 64

질문자와 소통하기 · 66

중요한 것은 질문자가 질문하는 이유 · 71

상황에 맞는 질문 만들기 · 76

삼각형은 결정의 방향을 알 수 없을 때 보는 나침반 · 80

카드읽기의 기준은 '질문' · 81

키워드를 확장하고 질문 바꾸기 · 87

가능한 질문일까? 가능하지 않은 질문일까? · 89

이야기를 기준으로 질문 만들기 · 96

무엇을 말해주어야 할까? · 100

리더의 수준 · 140

내 질문에 필요한 카드는 몇 장일까? · 141

카드의 뜻을 분해하기 · 147
 ‒ 큰뜻(Main Keyword)과 딸림 뜻(Sub Key word) 찾기

Contents

어떻게 해석해? · 164

한 장 읽기 · 166

그냥 뜻만 알면 돼? · 175
– 능동과 수동 구분하기

22장의 메이저 아르카나 능동 수동구분하기 · 181

언제쯤 인건데? · 203

부정적인 감정을 나타내는 단어들 · 218

맺음말 · 224

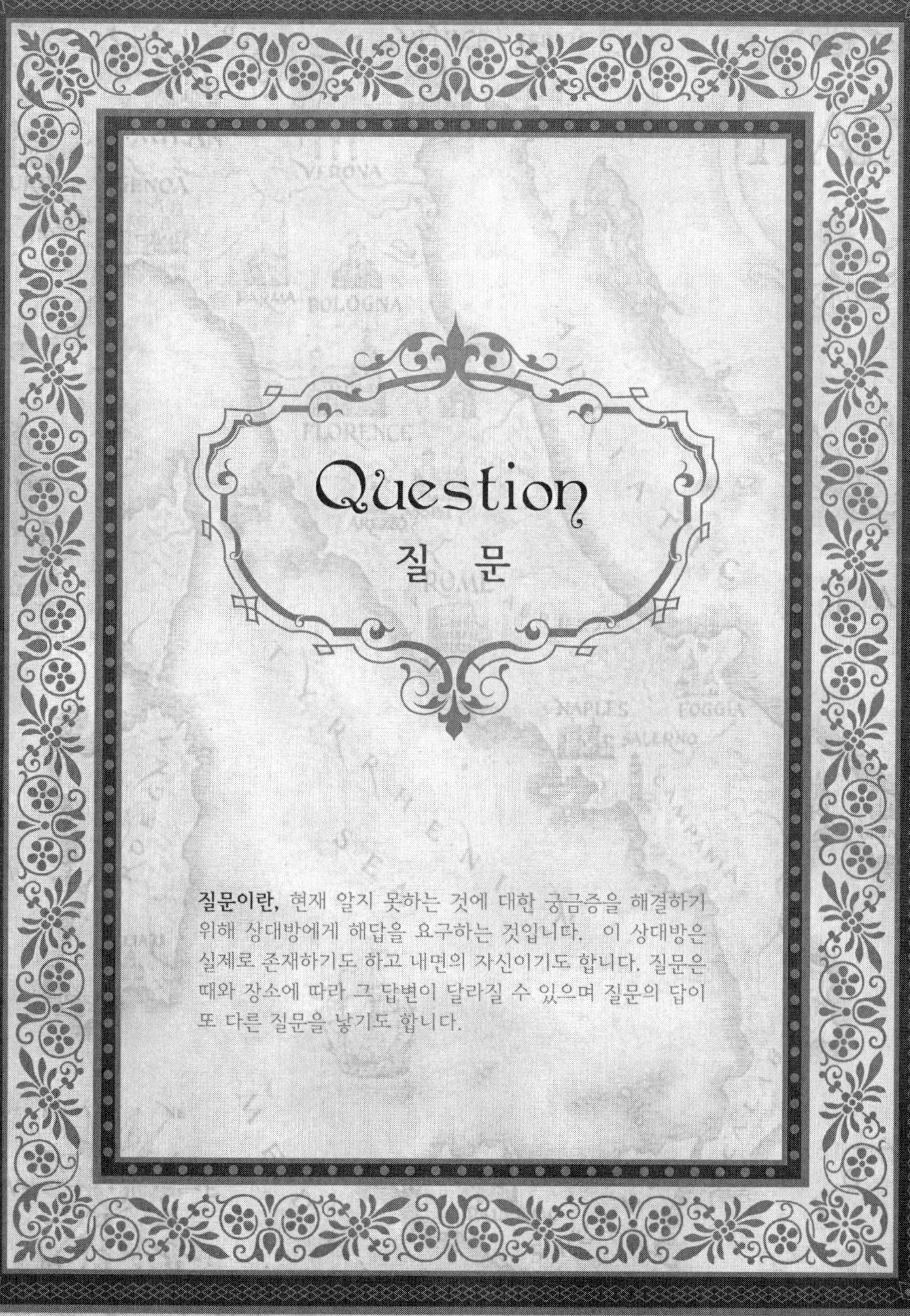

질문이란, 현재 알지 못하는 것에 대한 궁금증을 해결하기 위해 상대방에게 해답을 요구하는 것입니다. 이 상대방은 실제로 존재하기도 하고 내면의 자신이기도 합니다. 질문은 때와 장소에 따라 그 답변이 달라질 수 있으며 질문의 답이 또 다른 질문을 낳기도 합니다.

질문에는 어떤 것이 있을까?

"왜 타로카드를 보러오셨어요?"라고 질문을 하면 "궁금해서요." 라는 대답이 돌아옵니다. "타로카드를 왜 배우고 싶으세요?"라고 질문을 해도 마찬가지입니다. 표현은 다르지만 타로카드를 사용하는 이유는 궁금증을 해소하고 싶은 마음 때문입니다. 사람들은 무엇을 궁금해 할까요?

'애인이 변할까요?'
'언제쯤 애인이 생길까요?'
'누가 나를 싫어하는 걸까요?'
'어떻게 해야 사람들이 나를 좋아할까.'
'왜 나한테 이런 일이 생길까요?'
'어떻게 해야 경쟁자를 이길 수 있을까요?'
'대학에 합격할 수 있을까요?'
'잘 될까요?'
'나에겐 재능이 있을까요?'
'집을 사도 될까요?'
'이 방향으로 이사 가도 될까요?'
'친정집에서 살아도 될까요?'
'이 남자와 결혼해도 될까요?'
'다음 시험에선 일등을 할 수 있을까요?'
'나는 가수가 될 수 있을까요?'
'남편이 바람피우나요?'
'부모님의 올해 건강은 어떠실까요?'

이 모든 것이 질문입니다. 질문에는 제한이 없습니다. 알고 싶은 것이라면 무엇이든 질문할 수 있습니다. 혼자서 카드에 질문 해 보는 데 돈 들 것도 아니니까요.

모든 것이 질문일까?

현재 알지 못하는 것은 모두 질문이 될 수 있습니다. 해답의 존재유무와는 상관없이, 답이 없는 질문도 존재합니다. 그래서 딱 들어맞는 답을 모든 질문에서 찾아낼 수 있는 것은 아닙니다. 하지만 상관없습니다. 답이 없어도 질문은 존재합니다.

'세계 평화가 이루어질까요?'
'달라이 라마는 부처의 환생이 맞나요?'
'세상에 귀신이 있나요?'
'UFO가 51구역에 있나요?'
'세상은 멸망할까요?'
'악마의 유혹에서 어떻게 벗어나죠?'
'머리카락이 빠지는데 누가 날 저주하나요?'
'전생에 나는 무엇이었을까요?'
'내 미래의 남편은 잘생겼나요?'
'우리엄마는 날 사랑하나요?'

　질문을 하고 답을 얻는데 백만 원 쯤 있어야 한다고 가정할 때 이런 질문을 할 사람이 몇 명이나 될까요. 백만 원이 들지 않아도 이런 질문을 하는 경우는 그리 많지 않습니다. 이런 내용들은 삶에 큰 영향을 끼치는 중요한 선택을 좌우하는 정보들과는 거리가 있습니다. 그래서 돈을 주고까지 물어볼 필요는 없다고 생각하는 사람이, 필요하다고 생각하는 사람들보다 조금 더 많습니다. 이런 질문들은 실용적이지 않기 때문에 잘 사용되지 않지만 어떤 사람들은 이런 질문을 하는 것을 좋아합니다. 상대방이 해답을 찾지 못해 쩔쩔매는 것을 보며 즐거워하는 사람들은 어려운 질문을 찾아내는 것을 즐깁니다. 위의 질문들은 학자나 점술가를 찾아가 질문하는 것을 즐기는 사람들의 질문입니다. 이것은 해답이 없이도 질문 그 자체로 존재하는 질문들입니다.

 # 일반적인 질문, 좋은 질문이란?

　좋은 답을 가지고 있는 질문도 있습니다. 물론 인기도 많지요. 실용적이고 현실적이며 선택의 힌트를 포함하고 있기 때문입니다. 질문이 질문자체로 존재하지 않고 답으로 완성되는 것들입니다.

　'애인이 변할까요?'
　'언제쯤 애인이 생길까요?'
　'서울로 올라가서 취직을 해도 될까 아니라면 어디로 가면 취직을 할 수 있을까요?'
　'누가 나를 싫어하는 걸까요?'

'어떻게 해야 사람들이 나를 좋아할까.'

'왜 나한테 이런 일이 생길까요?

'어떻게 해야 경쟁자를 이길 수 있을까요?

'대학에 합격할 수 있을까요?

'잘 될까요?

'나에겐 재능이 있을까요?

'집을 사도 될까요?

'이 방향으로 이사 가도 될까요?

'친정집에서 살아도 될까요?

'이 남자와 결혼해도 될까요?

'다음 시험에선 일등을 할 수 있을까요?

'나는 가수가 될 수 있을까요?

'남편이 바람피우나요?

'부모님의 올해 건강은 어떠실까요?

이런 질문들은 간단하게 정리해서 '무엇을 해도 될까요? '언제쯤 무엇이 될까요? '무엇이 좋을까요, 나쁠까요? 세 가지로 요약되는 질문들입니다. 이런 질문들은 타로카드 뿐만 아니라 점을 보지 않는 사람들도 가지고 있는 삶에 대한 질문들입니다. 이런 것이 중요한 질문입니다.

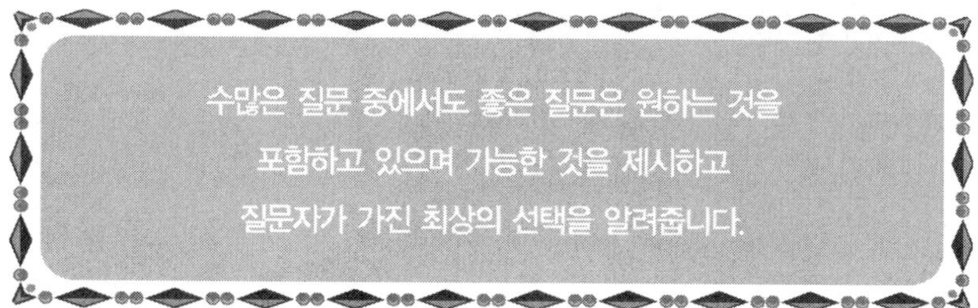

여러 가지 답

답이란, 질문에 대한 것이거나 또 다른 질문입니다. 이것은 딱 어울리거나 맞아 떨어져 결과가 되기도 하지만 질문과 관련이 없어 전혀 다른 상황을 발생시키기도 합니다. 때문에 타로카드로 답을 고를 때는 질문에 대한 것으로 한정시키도록 주의해야 합니다.

질문을 하면 답이 주어집니다. 무응답도 답의 한 종류라는 것을 기억하세요. 그러나 우리가 주목해야 할 것은 질문에는 각기 잘 어울리는 여러 가지 답이 있다는 것입니다.

'당신의 재주를 활용하세요.'
'당신은 이미 헤어지려고 마음먹었습니다.'
'잃어버린 것은 돌아오지 않습니다.'
'당신의 문제는 마음입니다.'
'거짓은 언젠가는 드러나지만 시간이 걸립니다.'
'실수는 누구나 할 수 있습니다.'
'당신의 말을 들어줄 조언자를 찾으세요.'

'좀 더 시간을 들여 생각하는 것이 좋겠습니다.'
'당신은 게으릅니다.'
'당신은 겉으로 보이는 것과 다른 사람일 지도 모릅니다.'
'당신이 본 것을 못 본 척 하세요.'
'당신은 망설이고 있습니다.'
'당신의 가족과 기쁨을 지키세요.'
'당신을 위해 타인을 희생시키지 마세요.'
'겉모습만 보고 사람을 판단하지 마세요.'
'불쌍하다고 생각하면 도와주세요.'
'친절하고 자비로운 사람이 되도록 노력하세요.'

이것이 일반적인 답입니다. 일반적인 답은 무엇을 해야 하는가에 대해 조언합니다. 반대로 무엇을 하지 말아야 한다고 조언하기도 합니다. 답은 제안하거나 위로하거나 충고하거나 단정 짓습니다. 답은 질문을 평가하고, 가늠해야 나오는 것입니다. 그냥 떠들어서는 안 됩니다.

 ## 사람들이 기대하는 답

답에는 여러 종류가 있지만 사람들은 어떤 질문에서나 긍정적인 답을 좋아합니다. 질문을 하는 순간 어느 누구나 좋은 결과를 '기대'하기 때문입니다. 사람들이 기대하는 답은 좋은 결과를 포함하고 있는 것입니다. 또한 질문자는 답에서 현재의 행동이 '옳다'고 말하기를 기대합니다. 잘했다고 말해주기를 원하는 것입니다.

'시험 운은 좋으니 도전해보세요.'
'집을 사도 좋을 것 같습니다.'
'당신은 해결할 수 있습니다.'
'당신은 사랑에 빠졌습니다.'
'당신은 충분한 열정을 가지고 있습니다.'
'좋은 소식을 듣게 될 것입니다.'
'당신은 인기를 얻게 될 것입니다.'
'질문에 대한 대답은 Yes입니다.'
'새로운 가정을 이루게 될 것입니다.'
'당신은 준비가 되어 있습니다.'
'당신은 뛰어난 능력을 가지고 있습니다.'
'말이 잘 통하는 친구를 만나게 될 것입니다.'
'당신은 아름다운 사람을 만났습니다.'
'현재의 기쁨을 즐기세요.'
'당신은 이길 수 있습니다.'
'당신은 잘 하고 있습니다.'
'당신이 침묵한 것은 좋은 선택입니다.'
'미래에도 당신은 행복할 것입니다.'
'더 부자가 될 것입니다.'
'미리 생각한 대로 결과는 좋을 것입니다.'
'손해 보지 않을 것입니다.'
'모두 당신의 것이 될 것입니다.'

옳다, 모든 것이 당신 뜻대로 될 것이다. 그리고 운명의 별이 당신 머리 위에 있다. 이것이 모두가 원하고 좋아하는 답입니다.

# 질문자에게 질문하고 대답하라

누구나 좋아하는 좋은 대답도 많은데 질문을 해서 선택된 답이 기대한 것과 다르고 이해할 수 없을 만큼 말도 안 되는 것이라면 어떤 기분이 들까요. 중요한 질문을 하고 두근거리는 마음으로 기대를 했는데 결과가 기대에 못 미치면 누구나 실망하게 됩니다. 그런 기분이 드는 것은 당연합니다.

기대에 못 미치는 것도 실망스러운데 전혀 관련 없는 이야기를 듣게 된다면 실망이 지나쳐 화가 납니다. 시간낭비란 생각도 들 것입니다. 그래서 질문을 하기 전에, 질문을 하고 답을 찾는 과정 중에, 카드리더와 질문자는 많은 대화를 나누어야 합니다.

'어느 것을 고를까요. 알아 맞춰보세요. 딩동댕.' 이렇게 할 수는 없습니다. 질문은 장난이 아니며 중요한 결정을 위해 방향을 찾는 과정이기 때문입니다. 어떤 것을 고를 지, 어떻게 고를 지 모두 아무렇게나 할 수는 없습니다. 그래서 카드리더는 질문을 가져온 질문자에게 선택의 힌트를 찾아내야 됩니다. 서로 대화가 없으면 이 과정은 결코 쉽게 이루어지지 않습니다.

질문의 과정은 질문자가 이야기를 하고 그중에서 질문자에게 필요한 것이 무엇인가를 찾아내고 마지막으로 최선의 것을 선택하도록 하는 과정입니다. 카드리더가 해야 할 일은 어떤 것을 선택할 수 있는지 예문을 제공하는 것입니다. 선택은 모두 질문자에게 달려있기 때문이지요. 정말입니다. 모든 선택은 질문자가 해야 합니다.

선택을 해야 원하는 것에 대해 알게 되기 때문입니다. 원하는 것이 아닌 다른 것은 아무리 많이 알게 되도 만족스럽지 않습니다. 원하는 것이 아니니까요. 그래서 무엇을 원하는지, 그 기준을 카드리더와 함께 공유해야 합니다.

공유하는 방법은 딱 한 가지 뿐 입니다. ET는 지구소녀와 손가락으로 대화하지만 사람과 사람은 아무하고나 마음이 통하지는 않으니 대화를 나누어야 합니다. 대화는 타로카드를 읽는 동안 계속됩니다. 질문을 하고 카드를 섞는 동안에도, 카드를 섞고 사용할 카드를 골라내는 과정에도, 카드를 골라내 어떻게 읽을 지 고민할 때도 질문자와 카드는 이야기를 나눕니다.

카드 읽기는 질문자가 모든 과정에 참여해야 합니다. 이야기를 나누는 것은 질문자가 참여하는 방법입니다. 질문자가 전혀 참여하지 않으면 카드 읽기는 힘들어지고 올바른 답을 찾는 것도 당연히 어려워집니다.

이처럼 질문자는 카드리더가 보여주는 여러 가지 선택 중에서 자신의 것을 선택해 알려주지 않으면 타로카드 읽기는 완성되지 않습니다. 타로카드는 완결이 나지 않고 연재중인 연재소설과 같습니다. 연재중인 소설은 독자의 반응에 따라 변화가 일어납니다. 독자의 반응을 보면서 작가도 소설의 방향을 조금씩 바꾸어 나가는 것입니다. 타로카드도 같습니다. 질문자의 참여에 따라 방향은 조금씩 바뀌어가고 마지막까지 길을 잘 찾아가면 질문자가 가장 원하는 질문의 해답에 도착하게 됩니다.

타로카드는 78장으로 구성되어있고 수많은 질문에 답이 되려고 타로카드는 한 장의 카드가 여러 가지 뜻을 가지고 있기 때문에 여러 가지의 뜻 중에서 가장 좋은 답을 골라내려면 수많은 답의 미로에 빠지지 않도록 조심해야 합니다.

질문에 따라 무엇을 선택해야 할까?

연애 운이라면, 현재의 애인에 대해서 물어볼 지, 언젠가 생길지도 모르는 또 다른 애인에 대해서 물어볼 지 선택해야 합니다.

금전 운이라면, 내가 벌 돈에 대해서 물어볼 지, 내가 다른 사람에게 받을 돈에 대해서 물어볼 지 선택해야 합니다.

학업 운이라면, 내가 가고 싶은 학교에 대해서 물어볼 지, 내가 가야 하는 학교에 대해서 물어볼 지 선택해야 합니다.

직업 운이라면, 취업을 하기 전에 질문을 하는 것인지 직장을 바꾸기 전에 질문을 하는 것인지 선택해야 합니다.

어딘가 가고 싶을 때 질문한다면, 가고 싶은 목적에 가장 알맞은 곳은 어디인지 선택해야 합니다.

　　미래의 결과에 대해 질문한다면, 명예가 좋은 지 돈이 더 좋은 지 선
택해야 합니다.

　　선택에 대해서 질문한다면, 어느 쪽을 더 원하는 지 질문하기 전에 선
택해야 합니다.

Reading

읽 기

선택 (Choice)

타로카드 읽기에 있어서 피할 수 없는 문제는 타로카드의 뜻이 한 두 개가 아니라는 사실입니다. 이 문제를 해결하는 잣대는 질문입니다. 그러나 같은 질문을 듣고도 답을 골라내는 방식에는 차이가 있습니다. 때문에 같은 질문을 듣고도 카드리더마다 답이 달라지는 것입니다.

타로카드는 분명하게 뜻이 하나로 정해져 있지 않습니다. 그래서 카드를 읽는 과정은 하나를 골라내는 작업입니다. 타로카드는 고정적이지 않기 때문에 여러 가지 뜻을 가질 수 있고 여러 가지 상황에 맞도록 고안되어 있기 때문에 다면적입니다. 이 속성을 제대로 이해해야만 타로카드를 읽을 때 불편함이 없습니다.

흔히 Yes or No 테스트라고 불리는 것을 많이 보셨지요. Yes면 왼쪽으로 No면 오른쪽으로 화살표를 따라가면 다시 질문이 있습니다. 그리고 다시 선택을 하고 길을 따라 계속 선택하다보면 여러 가지 답 중 한 가지에 도달하게 됩니다. 이런 테스트는 중간에 선택을 잘못하면 도착해야 할 곳이 아닌 다른 곳으로 빠지게 됩니다. 타로카드도 이와 같습니다.

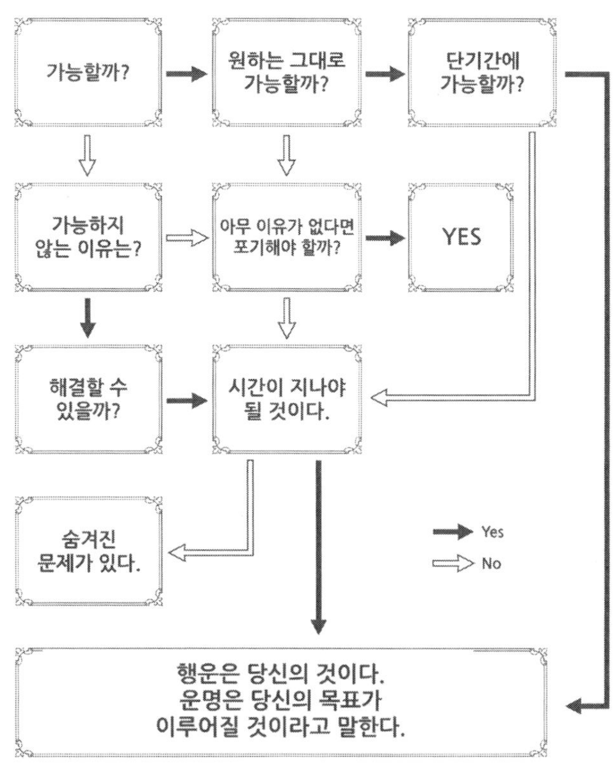

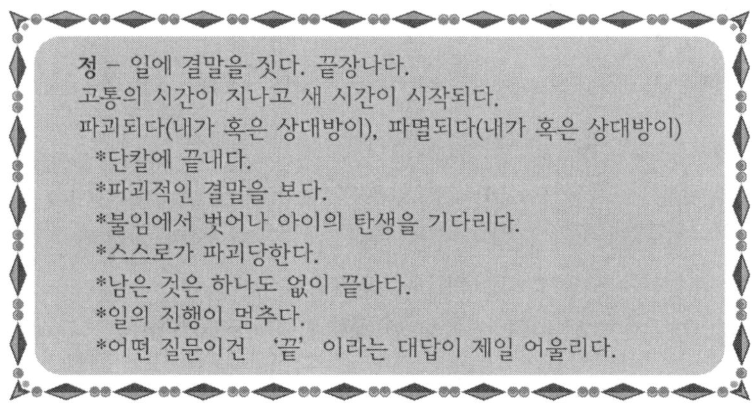

[베이직웨이트 타로카드]의 13번 Death 키워드

[베이직웨이트 타로카드]의 13번 카드 Death의 키워드 뜻을 모은 것입니다. 질문자를 위한 카드로 죽음 카드가 선택되었다고 가정하고 질문자가 원하는 해답을 향해 하나씩 질문을 하는 과정을 진행해보겠습니다.

① 해당하는 당사자가 기혼여성이나 기혼남성입니까?
예, 인 경우 '불임에서 벗어나 아이의 탄생을 기다리다' 를 남겨두고 아니오, 인 경우 예문에서 지웁니다.

② 해당하는 당사자가 소유권과 관련된 싸움, 법적인 소송, 논쟁, 싸움과 관련된 일이 있습니까?
예, 인 경우 '남은 것은 하나도 없이 끝나다.' 아니오, 인 경우 예문에서 지웁니다.

③ 해당하는 당사자가 이미 판결이 결정된 법적인 소송에 만족하지 못하고 있는 상태입니까?
예, 인 경우 '어떤 질문이건 끝' 이라는 대답이 제일 어울린다. 아니오, 인 경우 예문에서 지웁니다.

④ 해당하는 당사자가 비즈니스, 직업과 관련된 시험, 또는 목적성이 있는 일을 수행하려고 준비하고 있습니까?
예, 인 경우 '단칼에 끝내다.' 아니오, 인 경우 예문에서 지웁니다.

⑤ 해당하는 당사자가 감정적인 상태에 놓여있습니까?
예, 인 경우 '파괴적인 결말을 보다.' 아니오, 인 경우 예문에서 지웁니다.

⑥ 해당하는 당사자가 오랫동안 진행 중인 계획이 있습니까?
예, 인 경우 '일의 진행이 멈추다.' 아니오, 인 경우 예문에서 지웁니다.

⑦ 해당하는 당사자가 자기 자신을 포함한 특정대상에 대해 분노하고
있습니까?
예, 인 경우 '스스로가 파괴당한다.' 아니오, 인 경우 예문에서 지웁니다.

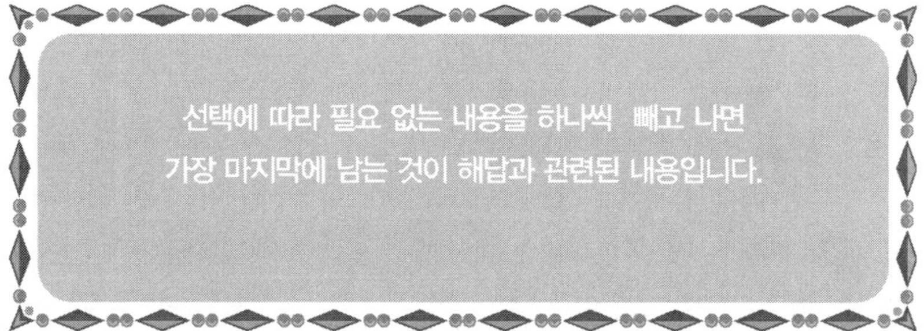

선택이 자유롭기 때문에 결과도 다양합니다. 순간의 선택은 카드읽기의
결과물을 좌우합니다.

# 질문자와 카드리더는 분리된 존재

타로카드에 있어서 질문자는 구경하고 있을 수 없습니다. 질문자는 카드를 읽는 과정에 참여해야 합니다. 타로카드를 혼자서 읽을 수 없기 때문입니다. 질문자와 카드리더가 한 몸 한 뜻이라면 그럴 필요가 없겠지요. 그런데 질문자와 카드리더는 분리된 존재입니다.

혼자서 질문하고 카드를 읽는 경우도 있는데, 혼자가 아닌 이유는 무엇일까요? 잘 생각해 보시기 바랍니다. 우리는 혼자서 카드를 읽을 때도 누군가에게 질문을 합니다. 혹자는 카드에 질문한다고 생각하지만 그것은 카드를 통해 분리되는 또 다른 내 자신입니다. 카드읽기를 통해 우리는 분리된 내 자아의 한 부분과 대화하게 되는 것입니다. 모두 '나' 입니다.

질문자와 카드리더가 같은 사람인 경우에도 질문자와 카드리더는 분명히 구분된다는 점을 기억해 주세요. 읽기의 과정에서 질문하는 자아와 카드를 읽는 자아는 분리됩니다. 이것은 특별한 경험으로 나 자신에게 질문을 하는 스스로를 발견하는 것과 같습니다. 질문을 통해 자아와의 분리를 경험하는 것은 타로카드의 특징 중 하나입니다.

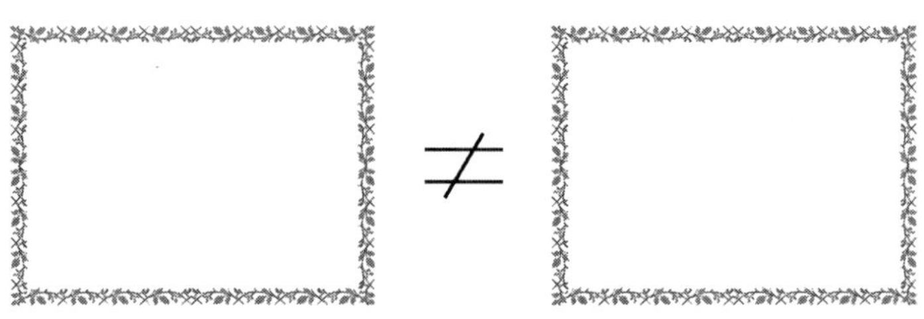

 # 삼각형, 타로카드의 구조

　타로카드에서 모든 것은 완벽한 삼각형을 이루고 있습니다. 메이저 아르카나와 궁정카드와 숫자카드, 과거와 현재와 미래, 그리고 질문자와 카드리더와 타로카드입니다. 삼각형은 해석의 과정에서도 깨어지지 않는데 Q-S-C-A(Question, Shuffle, Choice, Answer) 는 Q-SC-A 로 압축됩니다. 이것이 카드 읽기의 삼각형입니다.

　삼각형의 꼭짓점, 가장 높은 곳에는 해답이 자리잡고 있습니다. 카드를 섞고 선택하는 것은 질문을 보조합니다. 이들은 대등한 관계에 있고 어느 하나라도 부족하면 꼭짓점(해답)에 도달할 수 없습니다. 질문을 쉽게 생각하거나, 카드 섞기를 정성 들여 하지 않거나, 아무렇게나 카드를 고른다면 원하는 해답에는 도달할 수 없습니다. 어느 한 과정도 예사로이 지나쳐서는 안됩니다.

# Triangle 형식(Form)

타로카드가 같은 장르의 다른 것과 구분되는 것은 자율성을 가졌지만 뚜렷한 형식을 가지고 있다는 점입니다. 자율성은 때로 타로카드를 읽는 데 독(毒)이 되기도 하지만, 시대상을 놓치지 않고 반영할 수 있기 때문에 자율성은 타로카드의 중요한 장점 중 하나입니다. 고정되지 않고 계량할 수 있기 때문에 각 타로카드의 뜻은 지금 이 순간 살아가는 사람들에게 맞도록 바뀌고 있습니다.

그러나 틀·형식은 굳건하게 수백 년을 이어 지금까지도 유지되고 있습니다. 변하지 않는 22장의 메이저 아르카나가 그것입니다. 메이저 아르카나에 딸려있는 56장의 마이너 아르카나는 계속해서 변화하였지만 메이저 아르카나는 구성의 변화 없이 22장의 체계로 지금까지 이어져 왔습니다.

(7+7+7)+1(Fool)=22장의 체계와 (11+11=22)의 체계도 수백 년 전과 같습니다. 두 가지 체계는 힘과 정의의 위치 차이로 구분됩니다.

이 두 가지 체계는 1534년 영국의 신교인, 성공회의 시작과 함께 종교도 국가가 지배할 수 있음을 보여준 후 공존해왔습니다. 신의 칼을 뜻하는 Justice(정의)가 국가의 권력을 상징하는 Strength(힘)와 자리를 바꾸며 어느 것을 우선하는가에 따라 클래식과 모던의 두 가지의 형식으로 나뉘게 되었는데 현재는 두 가지 형식을 모두 사용합니다.

타로카드에는 이렇게 역사가 반영되어 있습니다. 종교가 국가를 지배하느냐, 국가가 종교를 지배하느냐는 당시로는 목숨과 왕의 권력을 걸어야할 만큼 중요한 일이었으니까요. 이것도 이미 수백 년 전의 일이지요. 비스콘티 타로카드의 제작 목적이 당시 비스콘티 가문의 힘을 후대에 남기기 위한 목적이었다는 설이 사실이라면 그것은 성공한 것 같습니다. 타로카드를 만든 이후 비스콘티 가문의 적계혈통은 끊겼지만 우리는 지금도 가장 오래된 형식을 갖춘 타로카드로 비스콘티를 손에 꼽기 때문입니다.

처음 제작되었던 목적과는 달리 타로카드가 점술카드로 사람들에게 인기를 끌게 된 것은 한참 후부터입니다. 당시에는 타로카드가 가문의 힘을 보여주기 위해 제작되었고 각 카드도 당시의 실세들의 얼굴을 그려 넣었습니다. 귀족을 그려 넣었으니 일반 백성들이 사용할 수 없었다는 것은 예상이 되시지요.

오토네 비스콘티(1207~1295)는 밀라노의 대주교였지만 교황 카드에 남아 우리에게는 교황으로 남아있습니다. 그의 가문은 안타깝게도 남자 자손이 없어 스포르차 가문이 되었습니다. 그들의 권력은 마이너 아르카나를 통해 남겨져 있는데 각각 스포르차, 발루아, 합스부르크, 튜터왕가로 계승된 비스콘티 가문을 상징합니다. 모계의 혈통이 계승된 흔적으로 남아 마이너 아르카나의 여왕들은 왕보다 화려합니다.

　형식이 비교적 엄격하게 지켜진 것은 처음부터 대중적이지 않았기 때문입니다. 대중적이 된 이후 그러니까 17세기 인쇄혁명의 도움으로 마르세이유 타로카드가 출간된 이후 다양한 타로카드가 출간된 것을 생각해 본다면, 처음부터 대중적이었다면 지역이나 사회적 지위, 당시의 계급에 따라 많은 타로카드의 변형이 있었을 것이라고 예상해 볼 수 있습니다.

　귀족의, 귀족을 위한, 귀족에 의한 물건이었던 타로카드가 우아함과 전통을 위해 형식미를 강조했을 것임은 당연합니다. 타로카드를 사용하는 사람은 -점술 인구의 남녀 분포로 볼 때 - 대부분 여성임에도 불구하고 여성만을 모델로 한 타로카드(가디스 타로카드: Goddess Tarot Card)는 20세기말에서야 제작된 것을 보면 타로카드가 형식을 가지고 있지 않다는 비판은 접어두어야겠습니다.

　그렇습니다. 놀라우시겠지만 타로카드에도 이렇게 돌처럼 딱딱하게 유지된 역사와 전통이 존재합니다.

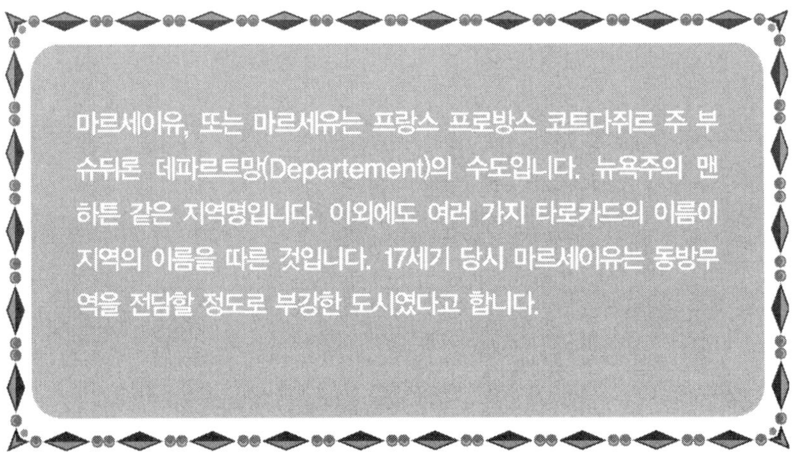

기준(Criterion)

　무엇을 읽고, 무엇을 읽지 않을 것인가(To read, or Not to read)의 문제는 타로카드를 읽는데 가장 중요한 의문을 제공합니다. 무엇이 기준일까요? 어떤 기준으로 읽어도 되는지, 읽으면 안 되는지를 골라낼 수 있을까요?

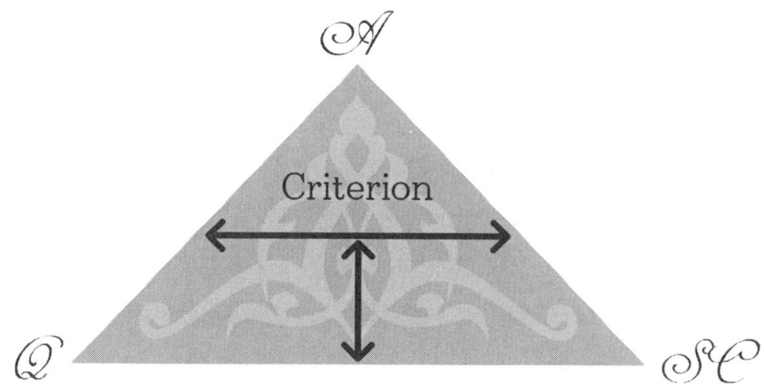

　앞에서 설명해 드린 타로카드의 삼각형(Question, Shuffle- Choice, Answer), 기억나시지요? 삼각형에 중심이 추가되었습니다. 기준(Criterion)입니다. 그림에서 무한히 양끝으로 펼쳐진 화살표는 기준선을 상징합니다. 기준선 아래의 위아래를 향한 화살표는 기준 이하의 카드읽기는 해답을 향해 갈 수 없음을 뜻합니다. 화살표의 방향처럼 질문과 카드 섞기, 카드 선택의 첫 출발선으로 돌아가야 합니다. 여기서 Q – SC로 만들어진 삼각형의 밑변은 카드 읽기의 시작, 출발선을 상징합니다.

기준이 어디 있는지 알았으니 기준이 무엇인지 알아 볼 차례입니다.

기준을 넘어선 것을 표준, 표준을 넘어선 것을 이상적인 해답이라고 가정해 봅시다. 이렇게 생각하면 기준은 타로카드 읽기가 '맞는지 틀리는지' 가늠하는 잣대가 됩니다. 그렇습니다. 기준은 타로카드 읽기가 잘 되었는지 가늠하는 선을 말합니다.

무엇인지 알았으니 이제 기준을 찾아보실까요? 타로카드의 뜻이 하나로 고정되어있지 않고 불특정 다수에게 적용될 수 있도록 여러 가지 뜻을 가진 다면적인 성격을 가지고 있다면 그 중에서 무엇을 골라낼지를 결정하는 기준은 타로카드 읽기의 시작 질문(Question)에 있어야 합니다.

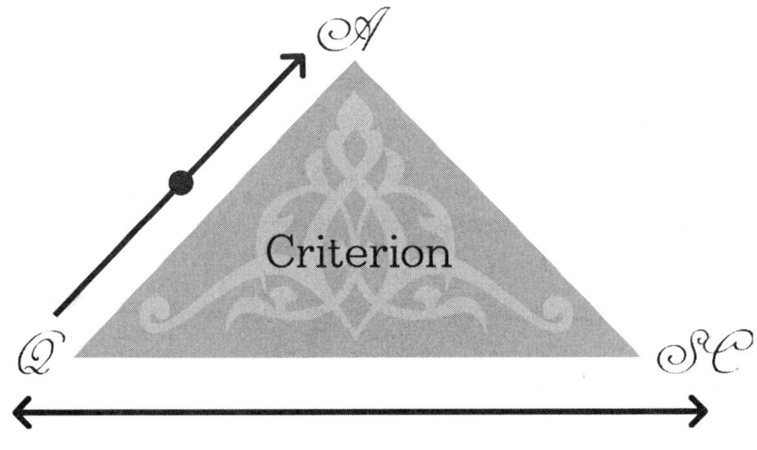

질문(Question)과 해답(Answer)을 향해가는 화살표의 중간쯤 기준 (Criterion)이 보입니다. 기준은 그림처럼 질문이 해답을 찾는 길에 있고 질문에서 시작됩니다.

기준이 필요한 이유는 타로카드가 단 한 장으로도 원인-현재-미래를 구분하여 설명할 수 있는 독특한 시스템을 가지고 있기 때문입니다. 이것은 기준이 없으면 가능하지 않습니다.

타로카드의 시스템은 한 장의 카드에 포함된 수많은 뜻을 기준에 따라, 쓰임에 따라, 체계적으로 분류하도록 구성되어 있습니다. 해석을 하려면 수십 개의 키워드(뜻)를 기준이라는 잣대로 하나하나 떼어낸 다음 쓸 것과 쓰지 않을 것을 나누는 작업이 필요합니다.

이것이 형식을 갖추고 카드를 읽기 위한 최소한의 방법입니다. 물론 타로카드는 그림만 보고 느낌대로 형식 없이 자유롭게 읽을 수도 있습니다.

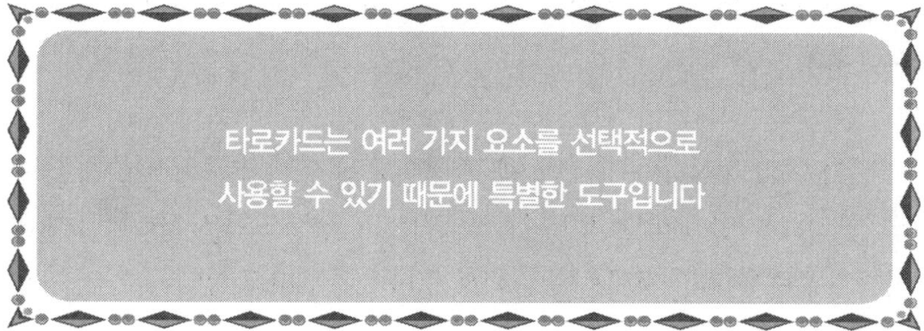

자유롭게 읽는 것을 틀리다고 말할 수는 없습니다. 원하는 대로 할 수 있기 때문에 타로카드가 더욱 특별한 도구라는 사실은 변하지 않습니다. 그러나 느낌은 고정되어 있지 않은 불규칙적인 감각입니다. 몸의 상태와 기분과 상대방에 대한 주관적인 평가에 따라 달라집니다.

운명을 체온, 심장박동, 바이오리듬에 맡기고 싶다면 타로카드까지 필요하지 않습니다. 그냥 느낌에 온전히 모든 것을 맡기면 됩니다. 느낌에는 도구가 필요하지 않으니까요. 도구는 때에 따라서 느낌에 방해가 될 수 있습니다.

반대로 생각하면 타로카드 읽기에 있어 느낌은 도움이 될 수도 있지만 방해가 될 수도 있다는 뜻이 됩니다. 누구나 가지고 있는 도구, 느낌이 타로카드 읽기에 도움이 되려면 어떻게 해야 할까요?

타로카드가 기준에 따라, 쓰임에 따라, 뜻을 나누고 선택할 수 있어야 한다면 느낌도 선택적으로 사용할 수 있어야 타로카드를 읽는데 도움이 될 수 있습니다. 문제는 느낌이 선택적이기는 고사하고 조절도 안 된다는 데 있습니다. 느낌은 느끼고 싶지 않다고 멈추지도 않고, 더 느끼고 싶다고 강해지지도 않습니다. 느낌도 타로카드처럼 연습하고 훈련해야 조절할 수 있습니다. 느낌과 타로카드를 같이 쓰고 싶다면 두 가지 다 연습을 해야겠습니다. 하나 연습하기도 힘든데 두 가지 씩이나 … 두 배로 어려워지겠네요.

'뭐가 이리 복잡하냐. 이래도 좋고 저래도 좋지 않으냐'고 말씀하실 수도 있겠습니다만, 괴테는 말했습니다. 지옥의 제일 뜨거운 자리는 격변의 시대에 중립을 지킨 사람들을 위해서 준비되어 있다고 말입니다. 지금 선택 안하면 지옥에 간다라고 생각하고 선택해주세요. 두 배로 어렵게 하시겠어요? 아니면 하나만 선택하시겠어요?

상징읽기와 숫자읽기와도 관련된 부분도 마찬가지입니다. 한 가지 옵션을 추가할 때마다 난이도는 두 배씩 올라갑니다. 각각의 체계마다 읽는 방법과 뜻이 모두 다르니까요. 물론 당연하게도 그 상징과 체계를 모두 포함해 글로 풀이한 설명서라는 것이 있으니 모르셔도 카드를 사용하는 데는 큰 문제가 없습니다.

자, 지옥가시기 전에 선택해 주세요. 타로카드를 읽는 가장 쉬운 방법인 뜻으로 읽기(Keyword Reading)를 하실 것인지, 상징읽기나 느낌읽기를 하실 것인지, 그도 아니면 색깔로 읽으실 것인지.

참고로 이 책은 뜻으로 읽기(Keyword Reading)를 위한 책입니다. 그래서 우리의 기준은 '질문' 입니다.

선택을 마치셨으니 이제 뜻으로 읽기를 위한 상식과 몇 가지 기법을 배우실 차례입니다.

표준(Standard)

타로카드를 읽는 표준화된 방식이 '뜻으로 읽기'라고 말씀드렸습니다. 뜻(Keyword)이 표준화된 방식으로 제공되는 이유는 무엇일까요? 앞에서 여러 번에 걸쳐 말씀드린 것처럼 다른 여타의 방식은 기준이 여러 가지이기 때문에 때에 따라 다르게 해석될 수 있기 때문입니다. 그런데 카드를 읽기라는 방식으로 활용하려면 그 결과가 일정하게 표출될 수 있어야 합니다. 예를 들면 악마카드는 언제나 유혹이라는 뜻이고 텐 펜타클즈(Ten of Pentacles)는 부유함이라는 뜻이어야 합니다. 읽기는 언제나 같은 방식으로 해석되어야 하기 때문입니다. 그런데 이렇게 하려면 처음부터 뜻을 고정시켜두고 해석할 수 있어야 합니다. 그래서 만들어진 것이 현재의 설명서 체계입니다. 뜻이 표기된 설명서 체계는 현대에 와서 완성되었고 가장 편리한 체계이기 때문에 대부분의 타로카드는 설명서 체계를 널리 사용하고 있습니다.

설명서(메뉴얼)는 타로카드 읽기의 표준화를 위해 만들어졌습니다.

기본(Basic)

원하다 - 필요하다 - 가능하다.
타로카드를 읽었다고 가정하면 그 안에 어떤 내용이 포함되어야 할까
요. 여러 가지가 있겠습니다만 여기서도 다시 한 번 삼각형이 등장합니다.

* 당신이 원하는 것은 (　　　　　)이며 그것을 가능하게 하기 위해서는
　(　　　　)이 필요합니다.

* 당신은 (　　　　　)을 원하지 않지만 그것이 가능하려면 (　　　)이
　필요합니다.

* 당신에게 필요한 (　　　　　)을 할 수 있다면 당신이 원하는 것은
　가능합니다.

* 당신에게 필요한 (　　　　　)을 하지 않기 때문에 당신이 원하는 것은
　가능하지 않습니다.

원하지 않다 – 필요하지 않다 – 가능하지 않다

기본적인 삼각형이 있으니 그 반대의 삼각형도 있어야 합니다.

이것은 부정의 삼각형입니다. 기본적인 삼각형이 '원하는 것에 필요로 하는 것을 충족하면 가능하다' 를 기본으로 한다면 부정의 삼각형은 '원하지 않는 것은 필요하지 않기 때문에 가능하지 않다' 를 기본으로 합니다.

부정의 삼각형은 단독으로 사용된다면 '당신이 원하지 않는 것은 당신에게 필요하지 않기 때문이며 가능하지 않기 때문입니다' 와 같이 절대 부정이 되어버립니다. 그러나 현실에서 절대 부정은 거의 존재하지 않습니다. 그래서 부정의 삼각형은 긍정의 삼각형과 섞어서 사용됩니다.

부정의 삼각형은 아래와 같은 문장으로 만들어 질 수 있습니다.

* 당신이 원하는 (   )은 필요한 (   )을 해내더라도 쉽게 가능하지 않습니다.

* 당신이 원하는 (   )은 필요한 (   )을 해내야만 가능해 집니다.

* 당신이 원하지 않는 (   )은 당신에게 필요한 (   )을 가능하게 하기 위해서 해내야만 합니다.

* 당신은 (   )을 필요하지 않다고 생각하지만, 해내고 나면 당신이 원하는 것이었다는 것을 깨닫게 될 것입니다.

이런 문장들은 질문자가 좋아하지 않습니다. 가능하지 않거나, 필요한 것이 많거나, 잘못 알고 있다는 이야기를 누가 좋아할까요. 부정의 삼각형은 불가능을 뜻합니다. 그러나 세상에는 불가능이 존재하지 않습니다. 그래서 부정의 삼각형 요소들은 완벽하게 존재하지 않고 긍정의 삼각형과 함께 섞여 존재하는 것입니다.

질문자가 선호하는 문장은 아래와 같습니다.

* 당신이 원하는 (   )은 아무 것도 필요없이 가능합니다.

* 당신이 원하는 (   )은 기다리기만 하면 가능해집니다.

* 당신에게 필요한 (   )은 원하는 대로 가능할 것입니다.

* 당신이 원하는 (   )은 누구의 도움도 필요없이 가능합니다.

(   )안의 것은 질문에서 찾아 채워 넣으면 됩니다. 기본 문장을 응용한다면 다양한 해석이 가능합니다.

윤리지침(Ethics)

타로카드 읽기에 있어 윤리의 문제는 무엇을 어디까지 읽을 지에서 시작해 무엇을 말할 수 있는가를 규정하는 부분입니다.

* 우리는 질문자의 잘못된 삶의 방향에 관여할 수 없으며 우리의 선입견과 기준에 맞추어 질문자의 선택을 유도할 수 없습니다.

* 우리는 질문하지 않은 사생활을 읽어내서는 안되며 질문자의 어떠한 법적인 잘못도 판단해서는 안 됩니다.

* 우리는 타인의 인생에 관여할 수 없는 관찰자입니다.

* 우리는 질문자 이외의 어떤 사람의 요구에도 타인의 카드읽기와 관련된 내용을 발설해서는 안 됩니다.

* 우리의 말은 치우쳐서는 안 되며 우리의 말은 질문자에게 상처가 되어서는 안 됩니다.

* 우리는 폭력적인 단어를 사용하지 않으며 감정적인 단어를 사용하지 않아야 합니다.

* 우리는 종교인이나 의사가 아니라는 것을 항상 기억해야 합니다.

최소한의 선 (Guide line)

　리더가 추구해야 하는 것은 형식 중에서도 해석의 결과물을 일정하게 유지하는 것, 최소의 기준을 넘는 표준적인 해석을 구축하는 것입니다. 같은 질문에 같은 카드가 나왔다면 같은 해석을 구현할 수 있어야 합니다. 이렇게 중요한 것은 표준적인 결과입니다.

> 표준(Standard)과 기준(Criterion)은 비슷해 보이지만 약간의 차이가 있습니다. 표준은 일정하게 유지된 결과, 그 자체를 뜻하며 기준은 그 일정하다고 판단하는 경계선을 말합니다. 기준에 들지 못하면 표준(또는 일반적인 결과)에 속하지 못하지 됩니다.

　우리는 표준화된 도구인 매뉴얼을 사용하기 때문에 일정한 결과가 도출되어야 제대로 카드읽기를 해냈다고 볼 수 있습니다. 같은 것을 보고 같은 것을 읽어내지 못한다면 카드 읽기는 제대로 되었다고 볼 수 없습니다. 같은 카드를 같은 방식으로 읽어내기 위해서도 연습은 필요합니다. 카드를 보는 순간 자동으로 뜻을 말할 수 있을 정도로 연습해도 막상 해석을 해야 하는 순간에는 무슨 뜻이었는지 기억나지 않는 경우도 많기 때문입니다. 연습만이 살길입니다.

　　해석을 했다고 볼 수 있는 기준, '아 이 정도면 카드를 제대로 읽은 것 같아' 라고 말할 수 있는 것이 우리의 목표일 때 타로카드 해석에도 최소의 수준이 존재합니다. 최소의 수준이란 완성된 해석의 내용에 질문자가 만족할 수는 없으나 질문과 연관된 대답으로 생각할 수 있는 내용을 찾아볼 수 있는가를 말합니다. 애정 운을 물었다면 애정과 관련된 답변이 있다고 느껴지는 해석이라고 질문자가 판단할 수 있어야 합니다. 이것이 최소한의 기준입니다.

> 카드읽기를 통해도 해소되지 않을 때 문제의 원인이 카드에 있는 것이 아니라 카드를 읽는 방법에 있다는 것을 리더가 인정하기란 쉬운 일이 아닙니다. 처음부터 질문을 바른 방향으로 이끌어내지 못했다고 하더라도 한번 선택된 질문은 카드를 통해 해소되어야 합니다. 카드의 해석에 대한 결과의 책임은 카드리더에게 있기 때문입니다. 그래서 잘못된 카드읽기가 되지 않도록 '질문'이 잘 만들어져야 합니다. 잘 만들어진 질문인지 우리는 금방 알 수 있습니다. 질문자가 "맞아요~!"라고 대답할 것이니까요.

반응(Reaction)
– 좋은 질문에는 질문자가 반응한다

　　보통은 질문을 듣고 카드리더가 질문자와 내용을 확인하는 과정 "그러니까 이런 상황이란 말씀이지요?" 같은 대화를 나누면서 카드를 섞는 과정이 진행됩니다. 카드를 먼저 섞어놓고 질문을 받는 경우도 있습니다. 카드 섞기와 관련해서는 꼭 질문 전에 카드를 섞어두어야 한다거나 그 반대로 질문을 듣고 섞어야 한다는 여러 가지 견해가 있습니다. 카드를 선택하는 과정은 두 번에 걸쳐 이루어집니다.

한번은 카드를 섞는 과정이고 한번은 필요한 만큼의 카드를 골라내는 과정입니다. 두 가지 모두 선택의 과정입니다.

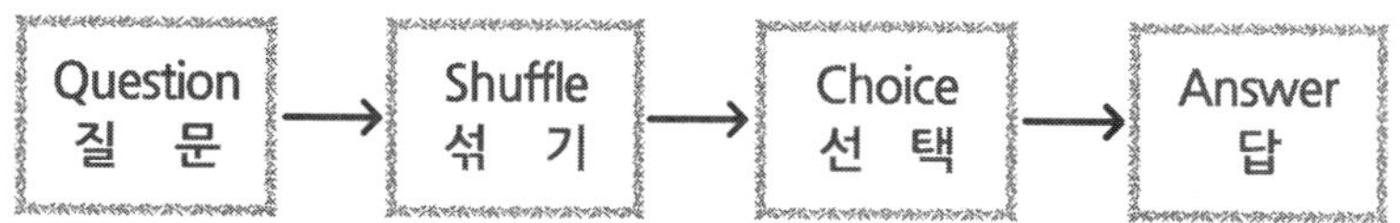

① 질문하고 카드를 섞은 다음 질문자의 견해를 듣고 카드를 골라내고 카드를 읽어냅니다.
　(질문자의 견해가 카드읽기를 진행하는 과정에도 바뀌지 않았기 때문에 순서대로 과정이 진행되는 경우입니다)

② 질문하고 카드를 섞다가 질문자의 견해를 듣고 다시 질문합니다.
　(질문자가 카드를 섞는 과정에서 개입해 카드리더의 판단이 틀렸음을 알려주어 질문부터 다시 해야 하는 경우입니다)

③ 질문하고 카드를 섞다가 질문자의 견해로 카드를 들고 골라내었으나 질문과 충돌해 다시 질문으로 돌아갑니다.
　(카드를 이미 선택했는데 질문자가 중간에 의견을 바꿨다고 말하는 경우, 질문의 방향이 처음과 다르면 선택된 카드가 맞지 않게 됩니다. 이 경우 다시 질문으로 돌아갑니다)

④ 질문하고 카드를 섞다가 질문자의 견해를 듣고 다시 카드를 섞고 카드를 골라내고 카드를 읽습니다.

(질문을 하고 카드를 섞은 다음 질문자의 견해를 듣고 카드를 골라내고 읽어냈는데 질문자가 질문을 잘못한 것 같다고 느끼는 경우, 처음으로 돌아갑니다)

여기까지가 보통 겪게 되는 상황에서 질문에서 해석까지의 가능한 상황들의 전개도입니다. 모두 질문자의 개입이 방향을 어느 쪽으로 바꾸어주는가를 보여줍니다.

전개도는 질문자의 개입에 따라 순서를 거슬러 올라가 과정 중 어느 것이든 반복할 수 있습니다. 물론 여러 번 반복하는 경우도 있습니다. 때문에 질문 전에 카드를 섞고 질문을 들은 다음 쓸 카드를 골라내거나, 질문을 듣고 카드를 섞고 바로 카드를 골라내거나 큰 차이는 없습니다. 저는 보통 두 번 카드를 섞는데, 질문을 듣고 카드를 섞고 카드를 사용한 후에 다시 한번 섞습니다. 중요한 카드읽기를 할 때는 카드를 완전한 순서대로 하나하나 정리한 다음 질문을 하고 카드를 섞습니다. 시간이 많이 걸리지만 중요한 질문을 위해 카드를 정리하는 것입니다. 카드를 원래의 상태로 되돌리는 이런 과정을 정열(Sort)이라고 합니다. 카드를 섞고 질문을 하거나 질문을 하고 카드를 섞거나 **어느 쪽이나 괜찮습니다.** 가장 마지막에 하는 일이 답을 찾아내는 일이라는 것만 기억해주세요. 답은 모든 것을 마치고 가장 마지막에 나옵니다.

Answer
해 답

질문 골라내기

카드를 사용하는 가장 중요한 목적 '답(Answer)'은 무엇일까요. 우리가 삶 속에서 항상 추구하게 되는 것이 답이라고 볼 수 있습니다. 좀 철학적 인 대답이지요. 반대로 생각해 볼까요? 답의 짝꿍인 '질문(Question)'에서 시작 해봅시다. 질문은 '현재 알지 못하는 것' 입니다. 이야기 속에서 질문 을 한번 찾아봅시다.

저는 구체적인 연애사라기보다는 제가 사실 지금까지 솔로거든 요. 앞으로 연애를 하려면 제가 어떻게 대처를 해야 할 지 궁금 해서 상담요청 했어요. 뭔가 여태까지 장애물이 라던가 이런 게 있으니까 그렇지 않았을까 … 라는 생각도 들고요.

여기서 질문은 연애를 하려면 제가 어떻게 대처를 해야 할 지입니다.

음, 남자친구랑 사귄지 얼마 안 되었는데, 장거리 연애를 하게 되었어요. 게다가 둘 다 취업준비, 혹은 시험 준비 때문에 적어 도 1년에서 2년까지는 자주 만날 수가 없어요. 제가 너무 좋 아해서 쫓아다니며 사귄 건데 혹시라도 마음이 변하지는 않을 까, 너무 걱정이 되요. 마음이 변하지 않고 이대로 계속 쭉, 사 랑할 수 있을까요?

여기서 질문은 혹시라도 마음이 변하지는 않을까? 입니다.

제가요. 남자도 잘 안 꼬이고 … 꼬여도 맘에 안 드는 사람만 꼬이고요. 잘 될라하다가도 흐지부지 되어버려요. 항상. 저에게 무슨 문제가 있는지 너무 궁금해요

여기서 질문은 저에게 무슨 문제가 있는지? 입니다.

지금 1년 반 째 만나고 있는 남자친구가 있어요. 한 몇 개월 전부터 이런저런 트러블이 많았는데 저도 많이 지쳤고. 저의 집에서 부모님도 그만 만나라고 재촉하시고 그래서 며칠 전에 헤어지자고 했었어요. 그때 서로 너무 죽을 만큼 힘들어하다 결국 못 헤어지겠다고 다시 만났는데 그 이후로 얘가 너무 힘들어하네요. 만나면서도 매일 밤마다 나가서 술 먹고 힘들어 하구 저도 지켜보는 거 너무 힘들고 서로 정말 좋아하는데 지금 헤어지는 게 옳은 결정일까. 머 이런 것이 고민되요. 지금 힘들어하는 걔한테 옆에 있어줘야 하는지 보내줘야 하는지요.

여기서 질문은 **걔한테 옆에 있어줘야 하는지 보내줘야 하는지요?** 입니다

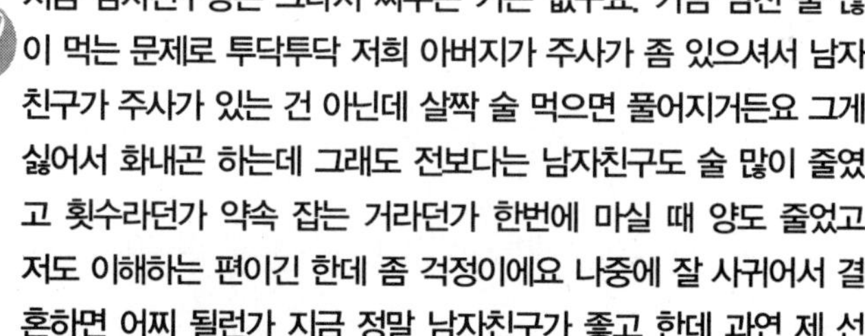

지금 남자친구랑은 그다지 싸우는 거는 없구요. 가끔 남친 술 많이 먹는 문제로 투닥투닥 저희 아버지가 주사가 좀 있으셔서 남자친구가 주사가 있는 건 아닌데 살짝 술 먹으면 풀어지거든요 그게 싫어서 화내곤 하는데 그래도 전보다는 남자친구도 술 많이 줄였고 횟수라던가 약속 잡는 거라던가 한번에 마실 때 양도 줄었고 저도 이해하는 편이긴 한데 좀 걱정이에요 나중에 잘 사귀어서 결혼하면 어찌 될런가 지금 정말 남자친구가 좋고 한데 과연 제 선택이 옳은 걸까 어른들 말처럼 더 많은 남자를 사귀어봐야 되는 건가 그런 생각이 들어서 ….

여기서 질문은 **과연 제 선택이 옳은 걸까?** 입니다.

  질문은 어떤 것이 바른 선택인지, 내가 모르고 있는 사실이 무엇인지, 같은 내용을 담고 있습니다. **실제 생활에서는 주로 무엇을 해야 할까? 어떻게 해야 할까?** 에 해당하는 것이 질문이라고 보아도 좋습니다.

 ## 답은 여러 가지 행동(Action)의 제안

  질문을 보시고 나니 어떠세요, 답이 짐작이 되시나요? 답은 '무엇을 어떻게 해야 하는지 알게 하는 것' 입니다. 하고 싶은 것, 해야 하는 것, 알고 싶은 것을 알게 하는 것이 '답' 입니다. 우리는 질문에 대한 '답' 을 알기 위해 책을 찾거나 인터넷을 검색하거나 누군가를 찾아가거나 카드를 펼칩니다. 누군가를 찾아가 카드를 펼쳐보기도 합니다. 원하기 때문입니다. 물론 답에도 여러 가지가 있습니다. 제일 좋은 답은 따로 있습니다. 가장 좋은 답, 정답입니다.

  좋은 답은 '무엇을 어떻게 해야 하는 지 알게 하는 것' 이라고 말씀드렸습니다. 좋은 답은 질문이 지정한 한계에 속하는 것입니다. 질문에 나타나는 질문자의 욕망과 관계되어 있어야 하지요. 그럼 예문에 맞춰서 어떤 내용이 답에 포함되어 있어야 할까요?

  해석의 기본이 '**원하다 – 필요하다 – 가능하다.**' 라는 것은 앞에서 말씀드렸습니다. 세 가지 중에서 무엇을 읽을 것인가를 결정하는 것은 카드 해석의 한계치, '**원하다**' 입니다.

질문자가 원하는 것을 위해서 답에는 원하는 것이 가능해지기 위해서 필요한 모든 것이 포함되어 있어야 합니다. 모든 조건이 채워지면 질문자가 원하는 것은 가능해질 것이기 때문입니다. 어떤 조건이 채워져야 할까요? 운이 좋아야 할 수도 있고, 다른 사람들의 도움이 필요해야 할 수도 있고 필요한 것은 많지만 내 손으로 바로 해낼 수 있는 것은 따로 있습니다. 그것이 '질문자가 해야 하는 것' 입니다. 원하는 것은 그냥 이루어지지 않으니까요.

그래서 답에는 여러 가지 행동(Auction)의 제안이 포함될 수 있습니다. 이것을 해도 좋고, 저것을 해도 좋고, 마음을 좀 바꾸어도 좋고, 기다려도 좋고, 공부를 해도 좋고, 운동을 해도 좋고, 기분을 바꾸기 위해 헤어스타일을 바꾸어도 좋습니다.

현재 상태에 영향을 주게 되는 행동에 대한 제안은 당장 실행이 가능한, 어떤 조건도 필요 없이 실행하는 사람이 하겠다는 마음만 있으면 가능한 것들이어야 합니다.

질문은 **연애를 하려면 제가 어떻게 대처를 해야 할 지**입니다.

제안은
① 연애를 할 수 있도록 시간적인 여유를 가지는 것이 좋습니다.
② 선후배관계의 사람들이 모두 연애의 대상이 될 수 있다는 마음가짐을 가지세요.
③ 남녀관계에 친구란 없다. 친구는 잘 맞는 짝이 될 수 있는 존재입니다.
④ 기준을 버리세요. 코가 높으면 맞는 짝도 놓칠 수 있습니다.

왜, 연애를 할 수 없었는지를 포함하고 있어도 괜찮습니다.

① 연애에 투자할 시간이 없는 현실이 문제입니다.
② 남자 친구를 또 다른 데서 찾으려고 하는 게 문제. 연애도 편한 관계에서 시작될 수 있다는 것을 기억해주세요.
③ 남자에게 항상 이기려고 하는 전투적인 태도를 버리세요. 남자를 지배하는 여자를 안아주려고 하는 남자는 많지 않습니다.
④ 연애에 관심이 없는 것이 죄는 아닙니다. 관심이 없는 <u>스스로</u>를 인정하는 것이 좋습니다.

질문은 **혹시라도 마음이 변하지는 않을까?** 입니다.

여기서의 답은 '변한다.' '변하지 않는다.' 를 직접적으로 드러내 주어도 되지만 변하지 않게 하기 위해서 해야 할 일들을 언급해 주는 것이 좀 더 유연한 대답이 될 수 있습니다. '마음이 변하지 않을까?' 라는 질문은 현재 상황이 실제가 아니라 상상이라는 것을 보여줍니다. 상상이 현실이 되지 않도록 질문자가 해야 할 일들을 알려주는 것이 좋은 답이 됩니다.

① 변함없는 신뢰를 표현해 주세요. 배신하고자 마음먹어도 신뢰하는 상대를 배신하는 것은 어렵습니다.
② 집착을 버리세요. 상대방에게도 개인생활이 있음을 인정하고 편하게 언제든지 연락할 수 있도록 배려해 주세요.
③ 언제나 같은 자리에서 기다리고 있음을 보여주어야 합니다. 당신이 보금자리라는 사실을 기억하도록 해주세요.
④ 많이 들어주고 긍정해주고 지지해주어야 합니다. 세상에서 당신만은 언제든지 '참 잘했어요.' 라고 말해 줄 것이라고 생각하게 해주세요.

마음이 변한다고 가정하면 왜, 변하게 되는가를 포함하고 있어도 좋습니다. 미리 알면 고칠 수 있으니까요. 질문자가 원하는 것과 반대되는 상황, 질문자가 걱정하는 상황에 대해 위험요소를 서술하는 것도 좋은 방식입니다.

① 몸이 떨어졌다고 남자친구가 있다는 사실까지 까먹으면 안 됩니다. 바람은 금물~!
② 지금은 변함없이 똑같을 것이라고 생각하고 있지만 질문자 분도 변할 수 있어요.
③ 떨어져 있는 상태에서 생기는 모든 일들이 선택을 요구할 수 있습니다.
④ 모든 것이 이전과 같기를 요구한다면 그건 싸움이 될 수 있습니다.

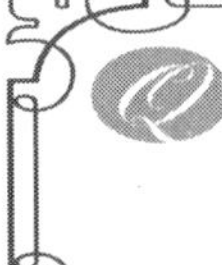

질문은 저에게 무슨 문제가 있는지? 입니다.

이번 문제에서 질문자는 현재의 상황을 바꾸고자 합니다. 현재 만족스럽지 못한 무언가가 존재하기 때문입니다. 여기서의 불만족은 연애가 장기적으로 지속되지 않는 것입니다. 그렇다면 답은 질문자가 상황을 바꾸려면 지금 즉시 시작해야 할 일을 말해 주어야 합니다. 질문자가 물었으니 질문자의 문제점과 개선방향도 찾아 주어야 합니다.

① 상대방의 모든 것을 알려고 하는 것은 좋지 않아요. 때로는 스토커처럼 보이거든요. 알려주기 전에 먼저 요구하지 않도록 해주세요.

② 주도권을 모두 상대방에게 주려고 하는 것은 당신이 힘없는 귀찮은 존재로 보이게 될 수 있어요. 당신에게도 의지가 있음을 보여주어야 한답니다.

③ 사람마음은 모두 내 마음 같지 않아요. 나는 상대방에게 좋은 일이라고 생각하지만 상대방은 기분 나쁘게 받아들일 수 있지요. 무엇을 선택하더라도 절반 이상 상대방의 의사를 존중해 주세요.

④ 약속이나 계획을 까먹지 마세요. 상대방이 당신을 만나는 것이 시간 낭비라고 느끼게 될 수 있거든요.

연애가 지속적으로 이어지지 않는 것은 상대방과 맞춰나가는 과정에서 문제가 생기기 때문입니다. 처음 만남은 서로에 대한 흥분 상태로 인해 객관적인 판단이 힘든 상태지만, 시간이 지나면 지날수록 서로 상대방을 객관적인 기준으로 판단하게 되는데 이 기준이 되는 것에는 여러 가지가 있지만, 상대방이 나와 맞지 않는다고 판단하게 되는 것은 상대방의 '행동' 입니다. 반복적으로 연애가 짧은 기간에 종료되었다면 문제는 질문자의 '행동' 에 있을 것이고 답 또한 질문자의 행동에 초점을 맞추어야 합니다. 그래서 제안은 현재의 행동을 멈추는 것이 중심이 됩니다.

질문자의 행동을 읽기 위해서는, 카드 속의 인물의 직업, 행동과 외향에 주목해야 합니다. 질문자가 이미지에서 느끼는 느낌은 그 힌트가 될 수 있습니다. 우리가 찾아야 하는 것은 질문자가 이미 알고 있는 것이 아닌 맹점(Blind Spot), 너무 익숙해서 깨닫지 못한 것이어야 합니다.

　질문자가 이미지에서 보는 것은 타인의 시선으로 보는 자기 자신입니다. 인간의 시각은 익숙한 것을 먼저 찾는 성향이 있기 때문에 자신과 가장 가까운 것을 찾아내기 쉽습니다. 오랫동안 지속된 행동은 익숙해서 눈으로는 찾을 수 없는 것이지만 타인의 눈으로 자신을 본다면 찾아낼 수 있게 됩니다.

지금 1년 반 째 만나고 있는 남자친구가 있어요. 한 몇 개월 전부터 이런저런 트러블이 많았는데 저도 많이 지쳤고. 저의 집에서 부모님도 그만 만나라고 재촉하시고 그래서 며칠 전에 헤어지자고 했었어요. 그때 서로 너무 죽을 만큼 힘들어하다 결국 못 헤어지겠다고 다시 만났는데 그 이후로 얘가 너무 힘들어하네요. 만나면서도 매일 밤마다 나가서 술 먹고 힘들어 하구 저도 지켜보는 거 너무 힘들고 서로 정말 좋아하는데 지금 헤어지는 게 옳은 결정일까 … 머 이런 것이 고민되요. 지금 힘들어 하는 걔한테 옆에 있어줘야 하는지 보내줘야, 하는지요.

질문은 **걔한테 옆에 있어줘야 하는지 보내줘야 하는지요?** 입니다.

　이 질문에서 답의 기준은 질문자가 어떤 마음을 먹든 그런 마음을 먹은 것이 타당하다고 말해주는 것입니다. 질문의 내용으로 보면 질문자는 헤어지기로 마음먹은 상태지만 (헤어지고 싶지 않은 마음이면 질문이 달라지기 때문입니다. '너무 힘들어하는데 마음을 풀어줄 수 있는 방법이 없을까? 가 되겠지요.) 질문의 답은 질문자의 의지를 확고하게 해 주어야 하는 것이지 개입하거나 꺾어 버리는 것이어서는 안 됩니다. 질문의 내용이 사건을 해결하고자 하는 의지가 없고 벗어나고 싶은 마음이라면 벗어나는 방법을 읽어주어야 하고 해결 가능성이 있다면 끝까지 버텨낼 의지가 있을 때는 언제까지 버텨내야 하는지, 무엇을 해야 하는지 읽어주어야 합니다.

자, 흔히 하는 실수에 대해서 이야기해 보겠습니다. 질문자는 친구도, 가족도, 학생도 아닙니다. 강요하거나, 판단하거나, 가르칠 필요는 없습니다. 특히 연애문제에 있어서 자신의 경험에 빗대어 설명하는 것은 좋지 못한 방법입니다. 사람들이 가지고 있는 문제는, 특히 연애문제는 모두 다 다릅니다. 모든 문제 하나하나가 독특하고, 특별해서 누구에게나 맞는 기준이나 행동지침은 존재하지 않습니다. 질문자의 머릿속은 복잡하고 마음은 흔들리고 있습니다. 이것이 가장 큰 문제입니다. 객관적으로 보았을 때 질문자의 상태는 좋지 못합니다. 과학적으로 본다면 사랑은 호르몬의 불균형상태가 오랫동안 지속되는 치료약이 없는 미지의 병에 걸린 상태입니다.

> 연애중인 사람은 병에 걸린 환자들처럼 주변의 반응에 민감하고, 연약하고, 행복해 하지만 금세 우울해 합니다. 모든 자극에 반응하기 때문입니다. 사랑에 빠지면 날씨가 화창해서 좋고, 비가오니 운치 있어 좋다고 말합니다. 좋은 날씨에도 애인의 답변이 없으면 바로 우울증에 빠집니다.

병에 걸려 판단능력을 상실한 그들은 내가 좋아하는 사람을 주변에서 모두 좋아했으면 하고 원합니다. 그래서 쉽게 상처받게 됩니다. 그래서 답변에는 더 많이 주의를 기울여야 합니다.

질문자가 헤어지고 싶은 마음이라면 이런 답이 가능합니다.

① 부모님의 반대를 이길 수 없으실 거예요.
② 계속되는 트러블을 극복할 수 없을 거예요.
③ 힘들지만 한번 했으니까. 다시 헤어질 수 있을 거예요.
④ 그런 모습을 보여주는 것이 남자친구도 힘들 거예요.
⑤ 헤어지는 것이 최선이라고 생각하고 계시잖아요?
⑥ 서로에게 현재 상태가 도움이 되지 않을지도 몰라요.

무슨 일이 있어도 헤어지고 싶지 않다면 이런 답이 될 수 있습니다.

① 지금까지처럼 잘 해낼 수 있을 거예요.
② 헤어짐을 이겨내고 다시 만난 거니까 이제 더 큰 인연이 된 거예요.
③ 사랑하시잖아요. 그게 답이랍니다.
④ 잠시 헤어진다고 해도 다시 만나게 될 운명이랍니다.
⑤ 그 분 없이는 살 수 없어요.
⑥ 언젠간 부모님도 찬성하실 거예요.

답변에는 질문의 내용이 반영되어야 합니다. 때로는 질문의 내용을 인용하거나 그대로 한번 되짚어주고 답변을 말하는 것이 유용할 때도 있습니다.

질문은 **과연 제 선택이 옳은 걸까?** 입니다.

선택은 두 가지입니다. 선택이 옳다. 선택이 옳지 못하다. 인간관계에서의 결과를 가늠하는 것에는 오랜 시간이 필요합니다. 이 사람이 나에게 좋은 사람인지, 이 사람을 만나서 결과적으로 좋은 영향을 받았는지는 짧게 보아도 수년이 지나봐야 알 수 있습니다. 연애의 과정을 지나 결혼을 하게 되어도 가족을 이루어 자녀가 성장할 때까지도 그 결과를 한마디로 '성공한 가정' 과 '실패한 가정' 으로 나누는 것은 어렵습니다. 그래서 어떤 한 사람의 관계를 판단하는 기준은 가능한 긍정적인 것이어야 하고 부정적인 내용은 질문의 내용에서 벗어나지 않는 범위에 있어야 합니다.

남자친구는 발전되어가는 중이고 본인도 이해하고 있습니다. 남자친구를 마음에 들어 하고 있는 중입니다. '선택이 옳다' 에 가까운 내용의 대답은 어떤 것일까요?

① 남자친구는 계속 발전할 것입니다.
② 남자 친구를 계속 이해할 수 있을 거예요.

③ 지금처럼 계속 남자친구에게 만족할 수 있을 거예요.
④ 화내는 걸 참아주는 남자친구가 고맙지요?

선택이 옳지 않다, 라는 대답이라면 답은 어떤 것이 될까요?

① 술버릇은 쉽게 고쳐지지 않아요. 많은 노력이 필요하답니다.
② 이유를 자꾸 찾는 것은 현실을 피하고 싶다는 뜻으로 볼 수 있습니다.
③ 결혼 후에 기껏 고친 버릇이 제자리로 돌아갈 수도 있습니다. 그때 어떻게 할 건지 생각해 보셨나요?
④ 스트레스를 받는 직업을 가진다면 성격을 고쳐야만 문제가 근본적으로 해결될 것입니다.
⑤ 술을 조금씩 마신다고 해도 끊을 수 없다면 중독입니다. 중독은 전문가와의 상담을 통해 고칠 수 있습니다.

찬성의 입장은 긍정적인 면을, 반대의 입장은 부정적인 면을 말하게 됩니다. 부정적인 면은 사실에 근거해야 합니다. 질문의 내용을 바탕으로 하지 않으면 타인의 인생에 대한 지나친 간섭이 됩니다.

가장 읽기 쉬운 예문 미리 만들기

카드를 읽어서 바로 문장을 만들 수 있고 상황에 대해서 읽어낼 수 있다면 좋겠지요. 그러나 그렇게 되기까지는 많은 연습과 경험이 필요하다고 세 번쯤 말씀드린 것 같습니다. 그럼 경험과 연습을 하기 전에는 어떻게 해야 바르게 읽어낼 수 있을까요?

지금까지 보여드린 것이 바로 예문입니다. 더 많은 답이 있고 질문에 따라 다른 답들이 존재합니다. 정답을 향해가려면 많은 질문과 그에 맞는 답을 미리 준비해 두어야 합니다. 시행착오와 이해할 수 없는 것들을 이해하는 과정은 답을 준비하는 과정 중에 해결됩니다.

카드는 그 준비된 답 중에서 무엇이 가장 정답에 가까운 답인지 알려주는 것입니다. 준비하지 않고 질문에 답하는 것은 어렵고 무모한 도전이 될 수 있습니다. 좀 더 좋은 카드읽기를 위해서 여러분도 저도 연습하고 준비하고 경험해야 합니다. 가장 타로카드를 쉽게 읽는 법은 준비된 예문을 카드를 통해 고르는 것입니다. 카드를 통해 가장 근접한 내용의 예문을 선택한다면 일정한 수준의 카드읽기를 유지할 수 있고 이러한 연습과정이 지나고 나면 예문 없이도 술술 읽을 수 있게 됩니다.

# 정답은 듣는 순간 왜 답인지 이해할 수 있는 것

어 아닌데? 이거 맞아? 쫌 … 이런 생각이 든다면 정답이 아닙니다. 만족하지 못했다는 뜻이니까요. 질문자가 만족할 만한 답을 찾아내는 것은 카드읽기를 대신하는 카드리더의 몫입니다. 그래서 질문자가 원하는 것이 무엇인지 카드를 섞고 읽어내는 과정 중에도 계속해서 물어보고 또 물어봐야 합니다. 바른 방향을 향해 가고 있는지 제대로 기준을 삼았는지 알 수 있는 힌트는 질문자가 가지고 있으니까요.

문제가 하나 있습니다. 같은 사실을 놓고 질문해도 질문에 따라 답이 달라지는 경우가 있다는 것입니다. 왜일까요? **장님코끼리만지기** 라는 격언이 있습니다. 코끼리는 커다랗고 굵은 다리가 네 개, 손처럼 유연한 코가 하나 상아라고도 불리는 뿔이 두개, 커다란 귀와 기다란 꼬리가 있습니다. **장님이 코끼리를 처음 만졌다면 그는 자신이 만진 것만을 이야기하게 됩니다.** 그래서 어떤 장님은 '코끼리가 표면이 단단하고 발톱이 달렸다'고 말할 것이고 어떤 장님은 '기다란 꼬리가 달렸다' 고 대답할 것입니다. 그리고 어떤 장님은 등에 타서 코끼리를 만졌기 때문에 '아주 커다랗다' 고 대답할 것입니다. 서로 대답이 다르지요. 하지만 모두 합쳐서 생각해 보면 결국 코끼리에 관한 이야기라는 것을 우리는 알 수 있습니다. 볼 수 있으니까요. 문제는 모든 정보를 합치기 전에는 전체의 윤곽을 알 수 없다는 것입니다. 나무만 보고 있으면 숲을 볼 수 없는 것과 같습니다.

미래는 어떨까요. 안톤 체호프는 '평탄한 길에서도 넘어지는 수가 있다. 인간의 운명은 그런 것이다. 신 이외의 누구도 진실을 아는 사람은 없기 때문이다.' 라고 했습니다. 이 말처럼 우리는 지금 미래를 두 눈으로 확인할 수 없습니다. 예측하고 상상할 뿐입니다. 코끼리의 일부만 보고 코끼리에 대해 상상하는 장님처럼 단편적인 것만을 듣고 판단하게 되면 과연 제대로 알 수 있을까요? 알 수 있는 방법도 있습니다. 우리가 알고 있는 것에 집중하는 것입니다. 코끼리니까 코끼리에 대해 알고 있는 사실을 활용해 봅시다. 만져보지 않고도 코끼리를 판단하는 방법이 하나 있습니다. 코끼리 앞에 드러눕는 것입니다. 코끼리는 원래 다른 생물에 해를 끼치지 않는 동물입니다. 제대로 성장한 코끼리라면 당신을 밟지 않고 지나갈 것입니다. 이처럼 우리는 단편적인 일부 밖에는 예측할 수 없기 때문에 원하는 사실에 집중하여 판단하기 위해 질문을 하는 방법을 연습해야 합니다. 이 책에서 다른 책들과 달리 '질문'에 많은 시간을 할애한 것도 그러한 이유입니다.

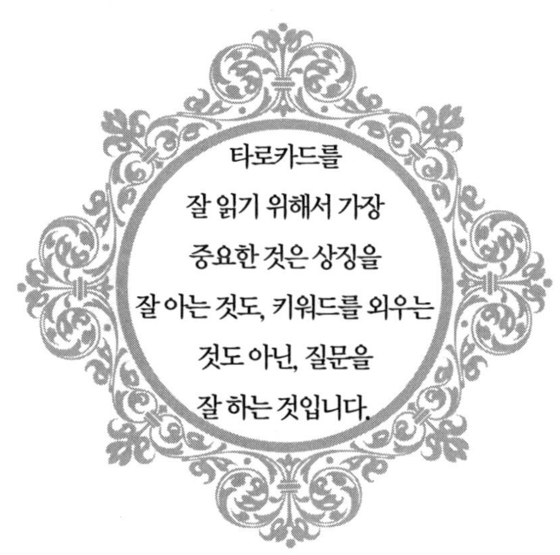

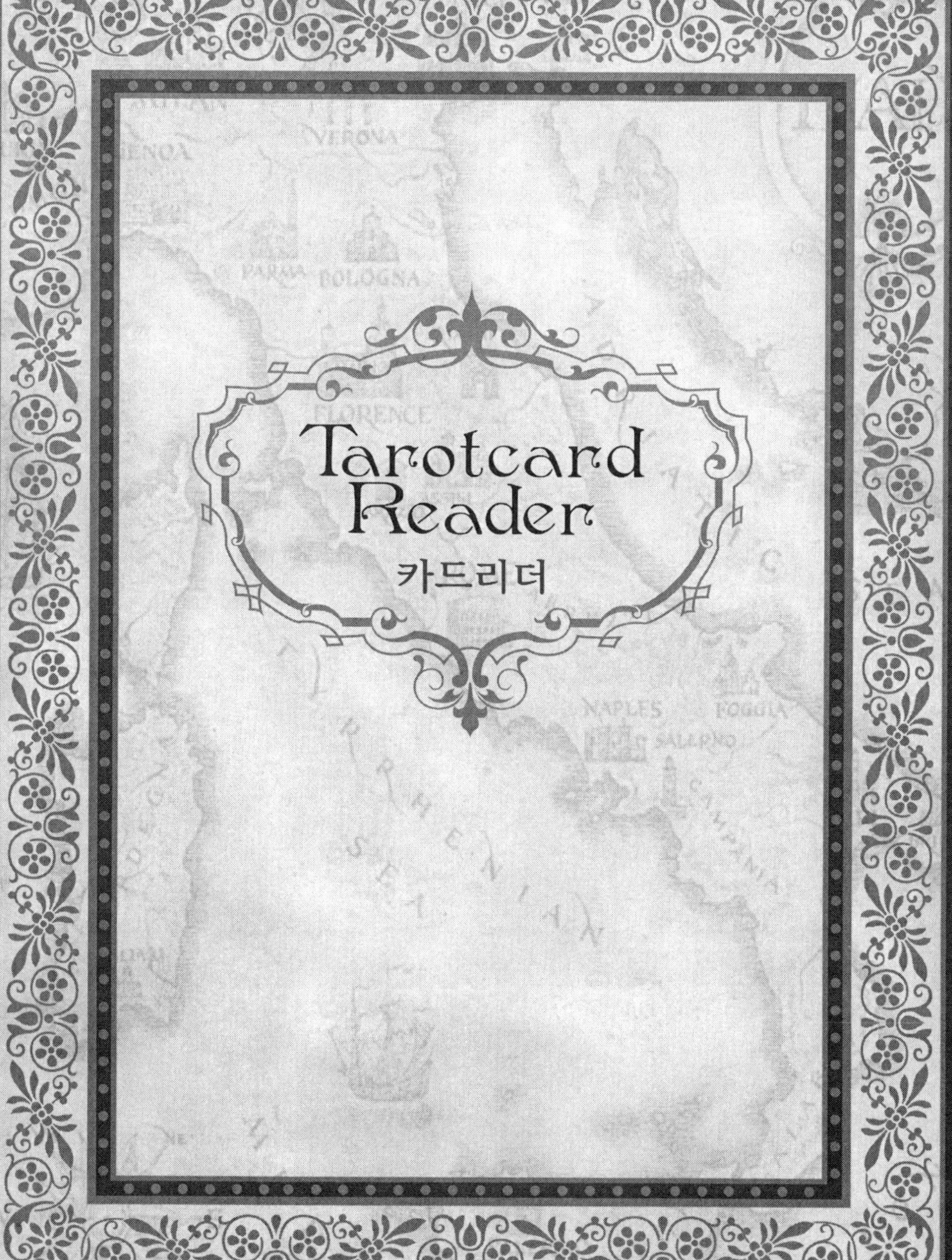

Tarotcard Reader

카드리더

순서(System)

모두들 처음에는 카드를 꺼내놓고 우왕좌왕합니다. 뭘 해야 좋은지 몰라 혼란스러워 하는 것이지요. 이걸 해볼까, 저걸 해볼까, 고민하고 무엇을 어떻게 하면 좋은 지 주변 사람들에게 질문도 합니다.

그런데 무엇을 먼저 하는가는 중요하지 않습니다. 어떤 타로카드리더는 혼자서 카드를 섞어놓고 펼친 다음 질문자의 이야기를 듣습니다. 그래도 되느냐고 물으신다면, 추천하지는 않지만 가능한 방법이라고 대답해야겠습니다. 질문자가 질문을 시작하기 전에 미리 셔플을 해 놓는 방법은 많은 질문자를 상대해야 할 때 사용하는 방식입니다. 이럴 때는 마지막으로 사용할 카드를 결정할 때 질문자가 선택하도록 합니다.

물론 대중적인 방법은 있습니다. 가장 일반적인 방법은 질문을 듣고 카드를 섞고 카드를 펼치고 해석하는 것입니다. Q-S-C-A (Question, Shuffle, Choice, Answer)순서입니다.

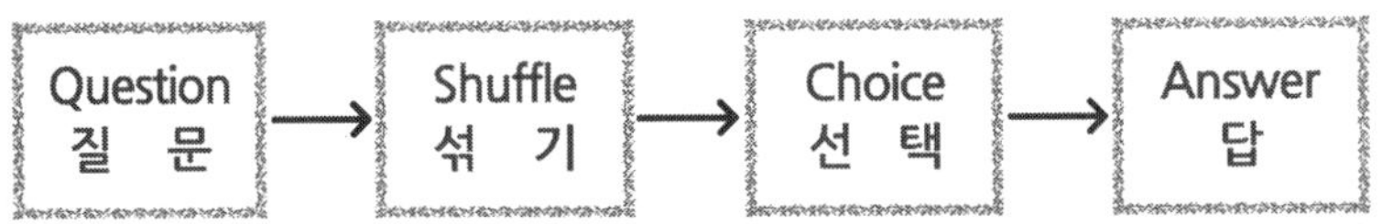

순서는 중요하지 않지만 어떻게 할 지 순서를 결정하고 나면 반복하는 것이 좋습니다. 타로카드를 사용하는 것이 처음부터 익숙하고 편안한 사람은 없기 때문에 과정에 적응하기위해 반복해서 연습해야 합니다. 정한 순서를 바꾸지 않고 반복하면 타로카드를 읽는 과정에 적응할 수 있습니다. 순서를 기억하지 않아도 손이 자연적으로 해낼 때 까지 반복하면 그때부터는 순서를 생각해 가며 반복해야 할 이유는 사라집니다. 이것을 '과정의 일체화' 라고 부릅니다.

타로카드를 읽는 과정이 하나로 일체화되는 순간, 그때부터가 진짜 카드 읽기의 시작입니다. 섞고 질문하고 카드를 고르고 대답을 하는 그 모든 과정이 '카드읽기' 라는 하나의 이름으로 통합되는 것입니다. '뭐더라, 다음에 섞나? 아니면 멈출 때가 됐나?' 이런 식이면 곤란합니다. 일체화는 기술적인 동작들입니다. 이것이 완성되어야 카드를 뜻으로 읽을 수 있습니다. 가능한 많이 연습해주세요. 우리는 무언가를 잘 하는 사람을 선수(選手)라고 부릅니다. 이러한 선수들의 모습을 보면서 말할 때 빠지지 않는 표현이 있습니다. '유연하다' 는 말, 들어 보신 적이 있으시지요. '유연하게 연결되는 김연아 선수의 동작을 보십시오!' 멈춤이 없이 부드럽게 연결되는 동작을 볼 때 우리는 이런 표현을 씁니다. 그렇게 되기까지 수많은 연습과 노력이 있었기 때문에 불필요한 동작과 실수가 사라진 유연한 결과물이 주어진 것입니다. 잘 하려면 무슨 일이건 연습이 필요합니다.

 # 질문자와 소통하기

질문을 잘 하기 위해서 가장 먼저 고려해야 하는 것이 질문의 바탕에 깔려 있는, 질문을 하게 된 이유입니다. 하고 싶은 것, 해야 하는 것, 알고 싶은 것 질문자가 원하는 것이 이유가 됩니다. **(Need의 삼각형)** 무엇을 원하느냐에 따라 필요한 답도 달라집니다.

이제부터 해결하기 가장 어려운 문제의 이야기를 시작해 볼까 합니다. 의사소통 방식의 문제입니다. 무엇을 어떻게 표현하느냐의 문제는 시나 소설에 한정된 문제가 아니라 모든 활자화된 매체가 가지고 있는 화두입니다. 지금 이 책을 쓰고 있는 저자 또한 셔플, 리딩 같은 용어들을 쓰고 싶다는 충동을 억누르는 중이니까요. '셔플 할 때 컷을 하고 다시 턴을 하는 행동을 반복해야 카드는 랜덤하게 됩니다' 대신 '카드를 섞을 때 적당량(7장 내외)을 덜어 180도 돌려 다시 얹는 과정을 여러 번(7번 내외) 반복하도록 하는데 10번이 넘지 않도록 합니다. 그렇게 해야 카드는 잘 섞이게 되고 같은 카드가 반복적으로 나오는 일을 줄일 수 있습니다' 라고 말하는 것은 글자 수만 세어 봐도 커다란 차이가 있습니다.

그러나 이곳은 한국입니다. 한국말로 카드를 하는 법을 알려주는 책이라면 가능한 용어는 모두 한국어로 바꾸어야 한다는 것이 이 책을 처음 쓸 때부터 제가 가지고 있는 기준이었습니다. 이렇게 하면 '셔플이 뭐예요?' 라고 묻는 사람 대신 '카드 섞기를 어떻게 해요?' 라고 묻는 사람들로 바뀔 테니까요. 제가 셔플이나 턴 같은 용어를 모르는 것은 아니지만, **나는 알지만 상대방은 모를 수도 있는 것을 설명할 때, 상대방은 모른다고 간주하고 설명해야 하기 때문입니다.** 내가 마음먹고 꼭 이해시켜야겠다고 설명을 시작하는 경우 대부분 상대방은 내가 알고 있는 것을 모릅니다. 그래서 모른다고 가정한 상태에서 모든 설명을 시작해야 하는 것입니다. 같은 한국어를 쓰고 있어도 각각의 사람들의 언어는 큰 차이를 보입니다. 사회적 경험은 물론 지위, 환경, 교육의 정도에 따라 같은 것을 표현할 때도 사용하는 어휘가 다르기 마련입니다.

제가 범죄심리학 과목을 수강하던 때였습니다. 수업내용에 '척방한 정서' 라는 예문이 있었습니다. 어떤 이는 이것을 '천방한 정서' 냐며 무슨 뜻인지 몰라 질문하였고 저는 그 말을 '척박한 정서(메마른 정서)' 로 알아들었습니다. 내용은 사이코 패스에 관한 설명이었고 '척방한 정서' 는 '척박한 정서' 를 잘못 쓴 것입니다. '천박한 정서' 라고 미루어 짐작한 사람도 많았습니다. 왜 똑같은 오타를 모두 다르게 본 것일까요? 바로 언어의 수준이 서로 달랐기 때문입니다. 대부분은 '사이코 패스' 에 관해 이상심리학 과목에서 특징을 배워두었지만 이상심리학 과목을 듣지 않은 사람들은 '사이코 패스' 에 관한 기본특질을 알지 못했습니다. 그래서 용어집에 나오지 않는 이상한 단어를 가능한 방법으로 상상한 것입니다. 교수님과 학생의 관계는 원래 질문을 하는 관계니까 이 오해는 질문으로 해결이 되었지만 사람과 사람의 관계에서 질문이 빠져버리면 오해는 굳어집니다. 그래서 질문자가 답을 얻으려는 이유를 알아내려면 질문자와 같은 수준의 언어를 사용해야 합니다. 그래야 답이 정답이라는 것을 질문자에게 전달할 수 있기 때문입니다. 질문자와 카드리더는 이 모든 것을 '대화'를 통해 서로에게 전달하게 됩니다.

대화는 질문을 통해 이루어집니다. 대부분의 경우 질문자는 카드리더에게 찾아온 용건을 제외하고는 말하려고 하지 않습니다. 질문을 이해하기 위해 필요한 주변상황 등 전제조건을 물어보는 것에도 잘 대답하지 않으려고 합니다. 대답은 카드리더가 알아서 해야 하는 것이라고 생각하기 때문입니다. 카드리더와 질문자가 일치할 때, 내가 내 질문에 대해 카드를 펼쳤는데 해석이 잘 되지 않을 때 답답하고 화가 나고 카드를 접어버리게 되는 것도 같은 이유입니다.

카드를 펼친 이상 답을 아는 것이 당연하다고 생각하기 때문입니다. 물어보지 않으면 알 수 없습니다. 나 자신에게도 물어봐야 합니다. 질문자에게는 더 많이 물어봐야합니다. 카드 해석에 있어서 카드를 통해 읽어내는 내용이외의 모든 것은 상상해서는 안 됩니다. **확인해야 합니다.** 진짜 원하는 것을 나도, 질문자도 쉽게 털어놓지 않기 때문입니다. 털어놓게 하기 위해서 카드리더는 계속해서 질문하고 질문자는 알아서 맞추라고 질문을 회피합니다. 이 과정에 할 수 있는 행동은 질문을 위해 선택된 카드에 대한 친절한 설명뿐입니다. 이때 카드를 설명하고 의미를 질문자에게 하나하나 알려주는 과정에서 질문자가 어느 것이 맞는 해석인지 선택하게 됩니다. 타로카드의 키워드를 가능한 외워두어야 하는 이유는 책을 보지 않고도 카드에 대해서 설명할 수 있어야 질문자가 카드리더에 대해 신뢰를 가지기 때문입니다. 매번 책을 뒤적이는 카드리더는 질문자에게 초보자란 인상을 심어줍니다. 그렇게 되면 믿음을 잃어버립니다. 타로카드가 아니더라도 커뮤니케이션의 기본은 상대방에 대한 신뢰입니다. 상대방이 나에게 거짓말을 하거나 속이지 않고 나를 위해 진실만을 말한다는 믿음이 있어야 대화는 편안하고 편리하게 이어집니다.

그래서 처음부터 '나는 다 압니다. 당신은 기다리기만 하면 됩니다. 나는 마법사니까요.' 하는 인상을 주는 것은 언제나 손해입니다. 조개처럼 입을 다문 질문자가 말을 다시 하게 되기까지 시간이 많이 걸리기 때문입니다. 시간이 걸리면 걸릴수록 질문자도 카드리더도 지루하기만 합니다. 지루하면 카드읽기의 만족도는 떨어집니다. 뚜렷한 질문이 없이 하소연을 하고 싶어 카드리더를 찾은 경우를 제외하고는 빨리 끝내기를 원하는 경우가 많습니다. 질문을 하고 답을 얻는 순간까지 질문자가 긴장하기 때문입니다. '아 내가 생각한 대로가 아니면 어쩌지.' 라는 생각이 질문자의 배꼽아래를 간질거리게 합니다. 불안하고 짜증이 납니다. 호기심에 장난삼아 질문한 것이 아니라면 질문은 간절하게 원하는 것입니다. 그것이 합당한지 아닌지, 이루어질지 아닐지를 질문했는데 불안하지 않을 수 없습니다. 그 불안을 풀어주기 위해서, 더 빨리 카드읽기를 완성하기 위해서 카드리더와 질문자는 계속해서 서로에게 질문을 해야 합니다.

이해할 수 있는 답. 같은 수준의 언어는 중요합니다. 여유자금의 투자와 관련된 금전적인 질문을 가진 50대 식당 운영자에게 MMF나 아니냐(펀드의 종류)가 중요하다고 삼십분쯤 떠들어도 그가 펀드에 대해 전혀 모른다면 이것은 제대로 된 답이 아닙니다. 4완즈(4개의 막대기)가 나왔으니 안전하게 집이나 건물을 구매하시는 것도 좋을 것이라고 답변한다면 바로 알아듣고 고마워할 것입니다. 이것은 질문자가 이해할 수 있는 답이기 때문입니다. 좋은 직장을 얻을 수 있겠느냐는 질문에 틈새시장을 노려야 한다고 특이한 직업리스트를 늘어놓았다면 이것도 좋은 대답은 아닙니다. 리더가 말한 직업리스트의 직업을 질문자가 하나도 모른다면 질문자는 그저 지루해할 것이고 리더의 능력을 의심하게 될 것입니다.

# 중요한 것은 질문자가 질문하는 이유

이해할 수 없는 답을 주면 질문자는 만족하지 않습니다. 그래서 질문한 이유에 합당하고 이해을 할 수 있는 답을 주어야 하는 것입니다. 질문의 이유는 '왜'에 해당하는 것입니다. 왜, 금전 운을 묻는가. 왜 남자가 필요한가. 왜 그 대학에 가고 싶은가. 대답은 간단합니다. 돈을 많이 벌고 싶어서, 다른 사람은 다 남자친구가 있으니까, 좋은 대학이라서, 카드리더가 생각하기에 이유가 당연해도 물어봐야합니다. 다른 이유가 있다면 해석도 달라져야 하기 때문입니다. 돈을 벌어서 할 일이 있어서 돈을 벌고 싶은 거라면 카드가 다른 길을 제안해 줄 수도 있습니다. 차인 남자에 대한 복수로 보란 듯이 멋진 남자와 사귀는걸 보여주고 싶은 거라면 다른 복수의 방법을 카드에서 찾아낼 수도 있습니다. 꼭 그 대학에 가고 싶은 이유가 부모님과 같은 대학에 가고 싶어서라면 부모님은 더 좋은 대학에 가는 자녀를 보고 싶은 마음임을 카드가 보여줄 수도 있습니다. 그래서 '왜'가 중요한 것입니다. 어느 정도 노하우가 쌓이게 되어 해석을 쉽게 하게 되면 무시하게 되기 쉬운 부분입니다. 머릿속으로 카드를 보자마다 해석을 만들 수 있기 때문에 방향을 설정하는 질문자가 질문을 하는 이유(Need: 원하는 것)는 까먹어버리게 됩니다. 잊지말아야합니다. 카드리더는 질문자를 위해 존재해야 합니다.

저는 구체적인 연애사라기보다는 제가 사실 지금까지 솔로거든요. 앞으로 연애를 하려면 제가 어떻게 대처를 해야 할 지 궁금해서   상담요청 했어요.   뭔가 여태까지 장애물이라던가 이런 게 있으니까 그렇지 않았을까 … 라는 생각도 들고요.

질문은 연애를 하려면 제가 어떻게 대처를 해야 할 지입니다.

질문자가 원하는 것은 '어떻게 하면 애인이 생길까?' 입니다. 질문자의 이유(Need)는 '애인' 을 얻는 방법입니다.

음, 남자친구랑 사귄지 얼마 안 되었는데, 장거리 연애를 하게 되었어요. 게다가 둘 다 취업준비, 혹은 시험 준비 때문에 적어도 1년에서 2년까지는 자주 만날 수가 없어요. 제가 너무 좋아해서 쫓아다니며 사귄 건데 혹시라도 마음이 변하지는 않을까, 너무 걱정이 되요. 마음이 변하지 않고 이대로 계속 쭉, 사랑할 수 있을까요?

질문은 혹시라도 마음이 변하지는 않을까? 입니다.

질문자가 원하는 것은 '남자친구가 변하지 않았으면 좋겠다.' 는 희망입니다. 이유(Need)는 '변하지 않는 관계에 대한 희망' 에 집중되어 있습니다.

제가요. 남자도 잘 안 꼬이고 … 꼬여도 맘에 안 드는 사람만 꼬이고요. 잘될라하다가도 흐지부지 되어버려요. 항상. 저에게 무슨 문제가 있는지 너무 궁금해요

질문은 저에게 무슨 문제가 있는지? 입니다.

질문자가 원하는 것은 '지속적인 관계' 입니다. 질문자의 이유(Need)는 '관계를 지속하는 방법' 에 집중되어 있습니다.

지금 1년 반 째 만나고 있는 남자친구가 있어요. 한 몇 개월 전부터 이런저런 트러블이 많았는데 저도 많이 지쳤고.. 저의 집에서 부모님도 그만 만나라고 재촉 하시구 그래서 며칠 전에 헤어지자고 했었어요. 그때 서로 너무 죽을 만큼 힘들어하다 결국 못 헤어지겠다고 다시 만났는데 그 이후로 얘가 너무 힘들어하네요. 만나면서도 매일 밤마다 나가서 술 먹고 힘들어 하구 저도 지켜보는 거 너무 힘들고 서로 정말 좋아하는데 지금 헤어지는 게 옳은 결정일까.. 머 이런 것이 고민 되요. 지금 힘들어하는 걔한테 옆에 있어줘야 하는지 보내줘야 하는지요.

질문은 걔한테 옆에 있어줘야 하는지 보내줘야 하는지요? 입니다.

질문자가 원하는 것은 '헤어짐' 입니다. 질문자의 이유(Need)는 '헤어질 수밖에 없는 타당한 이유를 찾는 것' 에 집중되어 있습니다.

질문자가 원하는 것은 '지속적인 관계'에 있습니다. 질문자의 이유 (Need)는 '지금의 남자친구를 선택하는 것이 당연한 이유.'에 있습니다.

질문자가 원하는 것을 찾는 것이 쉬우셨나요? 어떤가요? 어려우셨다면 연습하시면 됩니다. 타로카드는 연습을 하면 할수록, 바른 방법으로 연습할수록 그 결과가 달라집니다. 정말입니다.

여기서 한 가지, 비유적인 표현은 항상 나쁜가? 에 대한 의문이 있습니다. '성공하기엔 쉽지 않은 어려운 일.'을 우리는 흔히 '낙타가 바늘구멍에 들어가기' 처럼 어렵다고 표현합니다. 이 또한 비유적인 표현입니다. 우리는 '처마 끝에 낙수가 대들보를 뚫는 동안' 이라고 말한 다음 '아주 오랫동안 끊임없이 노력해야 한다' 고 질문자에게 해설할 수 있습니다. 이것은 잘 사용된 비유법입니다. 그러나 타로카드리더가 비유법을 사용하고, 그것을 설명하지 않는 것은 좋지 않은 방법입니다. '꽃이 사막에 피었으니 오래가지 못하겠구나' 라고만 말한다면 타로리더라고 볼 수 없습니다. 우리는 항상 설명하고 듣는 사람이 내용을 충분히 이해했는지 확인해야 합니다. 이해하지 못했다면 더 쉽게 설명할 수 있어야 합니다. 그래야 질문자가 만족하기 때문입니다. 타로카드는 대부분의 경우 '대화' 를 통해 완성되는 장르랍니다.

상황에 맞는 질문 만들기

또 한 가지 질문자의 상황에 맞는 질문을 만들 수 있어야 합니다. 질문자는 크게 3가지의 상태에 놓입니다. 현재하고 있는 일을 지속하거나 다른 일로 바꾸려고 하거나 현재의 일을 그만두려고 합니다. 예를 들어 이런 것입니다.

> **진행 (Go)**
> **전환 (Turn)**
> **멈춤 (Stop)**

↳ 애인을 가진 사람은 애인과 계속 사귀고 싶거나 다른 사람을 사귀려고 하거나 현재의 애인과 헤어지려고 할 때 애정 운을 질문합니다.

↳ 직업을 가진 사람은 현재 직업에서 버티고 싶거나 이직하고 싶거나 그만두고 싶어 할 때 직업 운을 질문합니다.

이것을 질문의 **삼각형**이라고 부르도록 합시다. 질문이라는 삼각형에는 세 개의 귀퉁이가 있는데 답은 그 셋 중 하나입니다. 어떠한 질문이라도 이 규칙을 벗어나지 않습니다. 가끔 둘 다 선택할 수 있는 경우나 둘 중 하나를 선택하는 경우도 있지 않느냐고 질문하는 경우가 있는데 둘 다 선택하는 경우도 현재 상태와 다른 것을 고르는 것이고 둘 중 하나를 선택하는 경우도 기존의 상태(아무것도 가지고 있지 않은 상태)와는 변화하는 것이기 때문에 다른 일로 바꾸려고 하는 것과 같다고 보아야합니다.

연애운의 경우

애인과 계속 사귀는 경우 (Go)

다른 사람과 사귀고 싶어 하는 경우 (현재의 애인과 또 다른 사람과 동시에) (Turn)

애인과 헤어지고 싶어 하는 경우. (Stop)

직업운의 경우 (직업이 있을 때)

현재 직업에서 버티고 싶은 경우 (Go)

이직하고 싶은 경우 (이직, 유학은 동일) (Turn)

그만두고 싶은 경우 (Stop)

예를 들어 다른 사람을 사귀려고 하는 것과 현재의 애인과 다른 사람을 동시에 사귀려고 시도하는 것은 같습니다. 새로운 사람 둘을 사귀는 것도 현재와는 달라지는 것이기 때문에 다른 사람을 사귀려고 하는 것과 같습니다. 이처럼 모든 상태는 지속 −선택 −포기 중 하나이며 질문자가 원하는 것은 이 중 어느 것을 선택하느냐에 대한 결정의 힌트입니다. 질문을 들으면 먼저 마음 속에 삼각형을 그리고 삼각형에 귀퉁이에 선택할 수 있는 세 가지를 써 넣은 다음 카드를 펼쳐 그 중 무엇에 가까운 것을 확인하면 가장 간단하게 질문의 답을 찾을 수 있습니다. 이것이 제일 쉬운 카드 읽기 방법입니다. 이것을 조금 확장해 문장으로 만들면 해석은 완성됩니다.

연애운의 경우
애인과 계속 사귀고 싶어 하는 경우
↘ 애인의 장점과 추억이 중요하다고 생각합니다.

다른 사람과 사귀고 싶어 하는 경우 (현재의 애인과 또 다른 사람과 동시에)
↘ 지금의 애인과는 다른 모습에 끌리고 있습니다. 애인이 싫어진 것은 아닙니다.

애인과 헤어지고 싶어 하는 경우.
↘ 믿음이 깨어지거나, 싫어졌습니다.

직업운의 경우 (직업이 있을 때)
현재 직업에서 버티고 싶은 경우
↘ 금전적이나 사회적으로 만족하고 있거나 최소한의 선 이상은 된다고 생각합니다.

이직하고 싶은 경우 (이직, 유학은 동일)
↘ 지겹거나, 보수가 부족하다고 느낍니다.

그만두고 싶은 경우
↘ 지치고 힘들어 쉬고 싶어졌습니다.

삼각형을 그리고 세 가지 선택을 함께 고려해 본다면 질문자는 마음의 방향을 정할 수 있게 됩니다. 삼각형은 질문자가 선택을 할 마음의 준비가 되어있지 않을 때 유용합니다.

질문자 스스로는 선택할 수 없다고 생각하지만 예문을 보게 되면 선택은 좀 더 쉬워집니다. 그래서 카드 읽기가 딱 떨어지지 않는다고 생각되면 삼각형을 그리면 됩니다.

# 삼각형은 결정의 방향을 알 수 없을 때 보는 나침반

* 삼각형 중 가장 강한 감정을 가진 것은 그만두기(Stop)입니다.

그만두고 싶은 감정은 그 순간이 지나야만 사라집니다. 가장 강한 행동력을 가지고 있습니다.

* 가장 쉬운 선택은 진행하기 (Go)입니다.

이대로 변하지 않았으면 좋겠다는 감정은 누가 부추기지 않아도 오래 지속될 수 있습니다. 진행하기로 마음먹은 질문자는 주변상황이 변하더라도 상관하지 않습니다.

* 가장 어렵게 느껴지는 것은 바꾸기(Turn)입니다.

바꾸기는 망설임을 동반하기 때문에 행동이 뒤따르기까지 시간이 걸리고 여러 가지 부수적인 문제를 동반합니다. 기존의 것에 대한 미련이 남아 있기 때문입니다.

카드읽기의 기준은 '질문'

카드 읽기를 하기 전에 아셔야 할 것은 질문 속에 카드읽기의 '기준' 이 나온다는 점입니다. 예문을 조금 보여드리겠습니다.

저는 구체적인 연애사라기보다는 제가 사실 지금까지 솔로거든요. 앞으로 연애를 하려면 제가 어떻게 대처를 해야 할 지 궁금해서 상담요청 했어요. 뭔가 여태까지 장애물이 라던가 이런 게 있으니까 그렇지 않았을까 … 라는 생각도 들고요.

이런 질문은 타로카드리더 보다는 상담소를 찾아야 할 내용입니다. 그러나 이런 질문은 연애 점의 상당수를 차지합니다. 이 질문의 핵심은 바로 마지막 줄에 있습니다.

〈뭔가 여태까지 장애물이 라던가 이런 게 있으니까 그렇지 않았을까〉

질문자가 '장애물이 있다.' 라고 생각하고 있습니다. 그렇다면 장애물이 무엇인지 찾아주어야 합니다. 연애를 잘하는 법을 설명할 필요가 없습니다. 질문자가 원하는 것은 '장애물' 의 실체입니다. 이 장애물은 질문자를 가로막고 앞으로 나아가지 못하게 했습니다. 그럼 장애물을 질문자가 치워버릴 수 있도록 실체를 찾아봅시다.

22장의 메이저 아르카나는 각각 어떤 장애물을 상징하는지 살펴보고
지나갈까요?

번호	카드이름	장애물
0	Fool	잦은 실수
1	Magician	다 안다는 생각
2	High Priestess	딴 생각
3	Empress	지나친 책임감
4	Emperor	혼자서 다 해야 한다는 부담감
5	Hierophant	상대방을 이끌어 가려는 태도
6	Lovers	애정이 지나침
7	Chariot	생각 없이 행동함
8	Justice	재느라고 결정하지 못하는
9	Hermit	피하기만 함
10	Wheel of Fortune	될 대로 되라는 태도
11	Strength	힘으로 밀어 붙이다
12	Hanged Man	선택권이 없음
13	Death	현재상태에서 벗어날 생각이 없음
14	Temperance	중립적이고자 함
15	Devil	유혹에 흔들림
16	Tower	사건사고에 자주 휘말림
17	Star	애정에 목마른
18	Moon	변덕이 죽 끓듯
19	Sun	지나치게 느긋한 태도
20	Judgement	언제나 때를 기다림
21	World	너무나 편안해서

물론 실제 상황에서 장애물은 하나 이상이 될 수 있습니다. 아니 항상
여러 가지입니다. 실수를 잘 하거나. 경험이 많거나, 상대방을 지나치게

배려하거나, 무기력하거나… 그러나 그 모든 것을 질문자가 한 번에 고칠 수는 없습니다. 그래서 우리는 가장 고치기 쉬운, 혹은 가장 빨리 고쳐야 하는 것을 읽어내 주어야 합니다.

여기서 요점은 무엇일까요? '조금은 미련이 남는 거 같아서' 입니다. 질문자는 미련을 가지고 있습니다. 게다가 같은 학교를 다니는 학생입니다. '미련'을 가지고 있습니다. 타로읽기에서는 '미련을 해소하는 법'을 찾아 주어야 합니다. 이 질문자는 수줍음이 많고 (만나기 전날 수업에서 그냥 제가 좀 쑥스럽고 그래서 (남자가 먼저 접근해서) 인사를 못하고 그냥 지나치고 그랬거든요) 상대방에게 '미련'이 있습니다. **다시 도전해야 하는 이유를 카드에서 찾아 설명해 주면됩니다.**

22장의 메이저 아르카나는 각각 도전해야 하는 이유를 무엇이라고 말할까요.

번호	카드이름	도전해야 하는 이유
0	Fool	시작할 만한 때가 되었으니까
1	Magician	충분한 준비가 되었으니까
2	High Priestess	당신의 본능이 그를 부르기 때문에
3	Empress	당신이 그의 이상형이니까
4	Emperor	그가 당신의 이상형이니까
5	Hierophant	그가 당신의 정신적 지주이니까
6	Lovers	사랑하니까
7	Chariot	눈 딱 감고 밀어 붙여야 하니까
8	Justice	모든 것을 고려해도 할 만 하니까
9	Hermit	고백하지 않으면 미련이 남을 테니까
10	Wheel of Fortune	운명이니까
11	Strength	고백하고 나면 힘 날 테니까
12	Hanged Man	이미 푹 빠졌으니까
13	Death	이제 외로운 날들은 끝날 테니까
14	Temperance	고백하고 나면 평온해질 테니까
15	Devil	상대방이 너무 매력적이니까
16	Tower	고백하지 않으면 계속 혼란스러울 테니까
17	Star	희망이 있으니까
18	Moon	시간이 지나도 또 고백하고 싶어질 테니까
19	Sun	좋은 결과가 있을 테니까
20	Judgement	좋은 소식이 올 테니까
21	World	잘 될 테니까

도전해야 하는 이유는 잘 될 것이기 때문입니다. 잘 되지 않을 것이 뻔하다면 질문자는 고민하지 않을 것입니다. 우리의 고민은 확률이 50 : 50

이거나 49 : 51일 때 발생합니다. 우리 스스로의 보호본능이 가능하지 않은 일을 피하기 때문입니다.

간단합니다. **'연애를 오래 못해요'** 답에는 연애가 깨어지는 원인을 포함해야 합니다.

이 질문자는 반복적으로 연애가 깨어지는 상황을 겪었습니다. 보통 갑자기 남자와 헤어지게 된 경우는 이유가 남자가 새로운 여자를 만났거나. 여자에게 싫증이 났거나. 남자에게 일신상의 문제가 생겼거나 중 하나입니다. 자꾸 헤어지게 된다면 매번 남자가 새로운 여자를 만났거나 매번 사건 사고가 생겼다고 보기는 힘듭니다. 여자에게 싫증이 날 만한 사건이 발생했다는 것이지요. 문자로 통보할 정도라면 '얼굴 보기도 싫다.' 또는 '얼굴 마주하기가 어렵다.' 에 해당할 수 있습니다. 따라서 그 원인이 질문자에게 있다는 뜻이고 그 이유를 알아내야 앞으로 같은 일이 반복되는 걸 막을 수 있다는 뜻이 됩니다. 질문자도 잘 알고 있습니다. **'저에게 무슨 문제가 있는지 너무 궁금해요.'** 라고 말하고 있으니까요. 이처럼 질문 속에는 찾아야 하는 해석의 기준이 그대로 녹아있습니다. 질문이 구체적이어야 하는 이유도 여기에 있습니다. 우리는 질문자의 말에 귀 기울이기만 하면 무엇을 찾아내야 할지 알 수 있습니다. 질문자가 그 기준입니다.

자꾸 깨어지는 이유를 22장의 메이저 아르카나는 무엇이라고 말할까요?

번호	카드이름	깨어지는 이유
0	Fool	어처구니없는 실수를 저지르기 때문에
1	Magician	상대방에게 너무 잘 해주려고 하기 때문에
2	High Priestess	현실적이지 않은 선택을 하기 때문에
3	Empress	상대방을 마음대로 하려고 해서
4	Emperor	상대방의 의견을 무시해서
5	Hierophant	상대방의 말을 듣는 둥 마는 둥 해서
6	Lovers	사랑한다는 말을 너무 쉽게 해서
7	Chariot	너무 밀어 붙여서
8	Justice	매번 재다가 타이밍을 놓쳐서
9	Hermit	피하려고 하기 때문에
10	Wheel of Fortune	아직 짝을 만날 때가 아니어서
11	Strength	스스로 강하다고 생각하기 때문에
12	Hanged Man	연애보다 현실이 중요해서
13	Death	연애를 두려워 하기 때문에
14	Temperance	자신의 영역을 지키려고 하기 때문에
15	Devil	너무 쉽게 빠지기 때문에
16	Tower	쉽게 싸우기 때문에
17	Star	사랑에 대한 이상이 너무 높아서
18	Moon	쉽게 짜증을 내서
19	Sun	게을러서
20	Judgement	문제가 폭발할 때까지 내버려두기 때문에
21	World	상대방이 자신과 하나라고 생각하기 때문에

여기서 이유들은 질문자가 깨닫는다면 고칠 수 있는 것들입니다. 고칠 수 없는 것들은 우리가 제안할 수 없습니다. 예를 들어 '성격을 착하게 바꾸세요.' 같은 것들은 쉽지 않습니다. 그래서 예문에서 사용하지 않는 것입니다.

# 키워드를 확장하고 질문 바꾸기

질문에 따라 카드의 의미도 달라집니다. 이것을 뜻의 확장이라고 합니다. 딸림 뜻 중에서 골라도 되지만 이것을 조금 더 구체적으로 풀어놓는 것입니다. 이렇게 표를 미리 만들어 두면 해석할 때 망설임을 줄일 수 있습니다. 질문자의 기준에 맞게 대답을 미리 준비해 놓는 것입니다. 이렇게 하면 표를 보여주면서 설명하면 질문자가 카드리더의 실력을 의심하지 않습니다. 모든 질문에 뜻을 다르게 준비해 두었다는 것만으로 질문자는 안심합니다. 이렇게 신뢰를 얻을 수도 있습니다. 카드 읽기에서 피해야 하는 것은 어려운 말로 알지 못하는 사실들을 늘어놓는 것입니다. 카드읽기에서 어려운 용어를 많이 사용하는 것은 버터케이크 위에 놓인 설탕장식과 같습니다. 먹는 사람이 별로 없으며 맛과는 상관없이 장식된 설탕장식은 케이크를 자르기 전에 제거되기 마련입니다. 케이크의 설탕장식처럼 어려운 용어나 쓸데없는 말들도 질문자에게 주어지는 대답에서는 제거되어야 합니다. 가능하면 평범한 어투를 사용해 차근차근 설명하며 읽는 것이 질문자와의 거리를 줄이는 좋은 방법입니다. 거리가 줄어들어야 리딩을 실패할 확률도 줄어들기 때문에 질문자와의 거리는 좁을수록 좋기 때문입니다. 아직 연습단계의 카드리더가 친구나 아는 사람의 카드읽기는 잘 맞는데 모르는 사람과의 카드읽기가 잘 맞지 않는 것도 바로 이 질문자와의 거리 때문입니다. 질문자에게 맞는 언어를 사용해 거리를 줄였다면 다음은 질문을 하는 방식의 문제를 해결해야 합니다. 그럼. 질문은 어떻게 바꾸어야 할까요? 질문을 해석하는 리더의 수준에 맞게 쉽게 바꿔야 합니다.

　질문에는 한계가 없고 여러 가지 질문이 있지만 질문이 어떤 종료가 있는지 알아두면 편리하겠지요. 보통은 다음과 같은 내용에 속한다고 보면 연습하는데 도움이 될 것입니다.

직 업
　① 전공과 다른 직업의 이질성
　② 전공과 직업의 일치여부
　③ 적성과 다른 직업을 가지고 있을 경우,
　　 뒤늦게 적성으로 되돌아갈 가능성
　④ 이직의 성공여부
　⑤ 구직자가 직업을 가질 가능성.

비즈니스
　① 아이템 선정에 대한 가부
　② 사업의 성공여부
　③ 원활한 자금의 유동성
　④ 동업에 대한 가부

애 정
　① 결혼 가능성
　② 상대방의 신뢰성
　③ 애정의 장애물
　④ 관계의 지속 가능성

학 업
　① 시험의 합격여부
　② 전공과 적성의 일치여부

가능한 질문일까? 가능하지 않은 질문일까?

질문은 질문자가 하는 것입니다. 그리고 그것을 듣고 왜 물었는지 알아내 간단히 축약하는 것은 카드리더의 몫입니다. 질문을 축약하고 카드리더가 확인해주는 과정을 통해 질문자는 타로카드를 통해 답을 얻으려고 하는 자신의 목적을 재확인하게 됩니다. 따라서 정확히 무엇을 원하는지를 확인하는 것은 카드리더와 질문자간의 커뮤니케이션에서 가장 중요한 부분이라고 할 수 있습니다. 카드를 읽는 기준점이 질문자가 '왜' 타로카드에서 답을 얻기 원하는가 하는 부분이기 때문입니다.

앞서 '정확한 질문, 키워드의 선택, 문장의 조합'의 타로카드 읽기의 기본 조건이라고 설명한 바 있습니다. 이중에서 가장 중요한 첫 번째는 정확한 질문입니다. 질문을 얼마나 잘 하느냐에 따라 카드는 쉽게 해석할 수 있기도 하고 어렵게 해석되기도 합니다. 타로카드는 질문에 따라 답을 구하는 형식이기 때문이지요. 질문이 간단하면 대답도 간단합니다. 질문이 복잡하면 대답도 복잡해지게 됩니다. 대답이 복잡하면 초보자가 읽어내기 어려워지며 따라서 질문은 최대한 간단한 것이 좋습니다.

때로는 5초에서 한 시간 반에 이르는 질문자의 이야기를 한 줄로 압축할 수 있었다면 이 카드 읽기의 반은 완성했다고 보아도 좋을 것입니다. 대부분의 카드리더는 질문을 압축하는 단계에서 실패해 카드읽기를 망칩니다.

* 내일 ***가 약속시간에 맞춰 나올까 (O)
* 앞으로 ***가 약속을 잘 지킬까 (X)

간단한 질문이란 사전설명과 배경을 모두 포함하고 있으면서도 불필요한 정보를 담고 있지 않은 질문이면서 대답이 Yes, No, Maybe (네. 아니오, 어쩌면)로 구분될 수 있는 질문입니다. 시간. 장소. 대상의 결과가 명확한 질문은 가능하지만 시간. 장소. 대상과 결과가 여러 가지가 될 수 있는 질문은 간단한 질문이 아닙니다. 대답이 한 가지 이상이 될 수 있기 때문입니다. 자 짚고 넘어갑니다. 질문은 간단해야 합니다.

이상적인 질문은 80자 이내로 압축되어야 합니다. 질문을 다시 카드에 적용해 읽으려면 짧으면서도 필요한 모든 내용을 포함하고 있어야 합니다. 어떤 질문일까요?

언제쯤 남자를 만나게 될까요 (X)
저는 대학생입니다. 한 달 전 남자친구와 헤어졌는데,
여름 전에 새로운 애인이 생길까요? (O)

자신의 현재상태, 원하는 것, 원하는 시간이 모두 포함되어 있기 때문에 두 번째 질문은 좋은 질문입니다. 첫 번째 질문은 현재상태와 원하는 시점이 포함되어 있지 않기 때문에 좋은 질문으로 볼 수 없습니다. 물론 간단한 질문이어도 해석하기 쉽지 않은 질문이 있습니다. 절대다수에게 해당되는 질문이거나 다수의 이익에 반할 수 있는 질문, 자연현상과 관계된 질문입니다. 예를 들어보지요.

＊ 세계 평화는 이루어질까?
↘ 절대 다수에게 해당되는 질문입니다.

절대 다수에게 해당되는 질문은 궁극적 가치를 위한 것으로 대답의 내용과는 상관없이 이루어져야 하는 일들입니다. 세계평화, 기아의 해결, 인간의 평등 등과 같은 절대 다수에게 해당되는 질문은 인간의 '가치'를 바탕에 두고 있기 때문에 카드읽기의 대상이 될 수 없습니다. 개인적인 타로읽기에 이런 질문을 사용하는 것이 바람직하지 않은 이유는 또 한 가지가 있습니다. 절대 다수에게 해당되는 질문은 개개인이 발휘하는 영향력이 매우 적기 때문입니다. 그래서 개인의 질문 소재로 사용하지 않는 것입니다. 짚고 넘어 갑시다.

〈타로카드를 통한 질문은 질문자가 영향을 줄 수 있는 범위 내에 있어야 합니다. 〉

또 한 가지 중요한 전제조건이 있습니다. '가능성' 입니다. 가능하지 않은 것을 질문하는 것은 잘못된 질문법입니다.

* 공부하지 않고 시험결과를 묻는 것 (X)
* 원서를 내기 전 합격 여부를 묻는 것 (X)
* 태어나 한번도 만나지 못한 외국배우나 탤런트와의 궁합을 묻는 것 (X)

공부를 하지 않았다면 순리로 볼 때 시험의 결과가 좋아서는 안 되며, 원서를 내지 않았다면 합격 불합격 여부가 결정될 수 없기 때문입니다. 자 짚고 넘어갑시다. 가능하지 않은 것은 질문할 수 없습니다.

〈가능하지 않은 것은 질문할 수 없습니다.〉

가능하지 않은 것이란, 현재 상태로 아무 것도 하지 않았을 때 이루어질 수 없는 일을 뜻하는 것입니다. 영어에는 가정법이란 방식이 있습니다. 이루어질 가능성이 거의 없다고 보고 그것에 따른 상황을 말하는 방식입니다. 예를 들어서 "네가 해리슨포드의 아들이라면 나는 마돈나의 딸이야." 라거나 "내가 부자라면 난 차를 열대 쯤 사겠어." 같은 것입니다. 의미가 있나요? 없습니다. 그래서 가능하지 않은 것은 질문하지 않는 것입니다. 그럼 현재 계획을 세우기 위해 질문하는 것들은 어떻게 해야 할까요? 시험을 준비하거나 직장에 들어가려고 준비하거나 하는 것들은 시작도 하지 않은 것인데 어떻게 질문해야 잘 질문할 수 있을까요? 이러한 질문을 하는 방식은 따로 있습니다. 예문을 들어 설명해 드리겠습니다.

*** 내가 준비해서 저 시험을 본다면 합격할 수 있을까? (X)**

앞에서 공부하지 않은 시험의 결과를 묻는 것은 잘못된 질문법이라고 설명해드렸습니다. 그러나 많은 분들이 궁금해 하는 것이 이러한 질문이기도 합니다. 그럼 어떻게 물어보면 좋을까요?

"내가 저 시험을 준비한다면 그 기간동안 장애물은 없을까?"

예를 들어 시험을 준비하는 동안 금전적인 문제로 학원을 다닐 수 없다거나, 아르바이트를 하느라 시험 준비에 전념할 수 없다면 좋은 결과를 예상하기란 어려울 것입니다. 이렇게 전제조건을 질문하면 가능성을 짐작할 수 있게 됩니다. 또 다른 질문도 보여드리겠습니다.

"이 시험을 준비하는데 지금 나의 상황에서 일년이면 충분할까?"

일년. 이년. 삼년. 기간은 상관없이 본인의 예상에 맡게 고쳐 질문할 수 있습니다. 이것은 계획의 정확도를 질문하는 것입니다. 계획이 잘 세워졌는가를 질문해서 가능한 것인가를 묻는 것이지요. 계획에 문제가 없다면 결과도 좋은 쪽일 가능성이 높기 때문입니다.

또 많이 하시는 질문이 있습니다.

* 나는 좋은 직장에 취직할 수 있을까 (X)

전제조건이 여러 가지가 될 수 있는 질문은 좋은 질문이 아니라고 앞에서 말씀드렸지요. 이 질문도 질문자의 상황과 기준에 따라 여러 가지 대답이 나올 수 있는 질문이라서 쉽게 해석할 수 있는 좋은 질문은 아닙니다. 그럼 어떻게 바꿔야 할까요?

↘ 나는 연봉 2500만원을 받을 자격이 될까? (O)

좋은 직장의 기준을 연봉으로 보고 처음 받게 될 연봉의 금액을 기준으로 사용하는 좋은 질문입니다. 금액은 각자의 능력과 기준에 맞게 바꾸어 질문하시면 됩니다. 돈이 기준이라면 받고 싶은 정도의 금액을 주는 직장은 모두 좋은 직장이 됩니다. 이렇게 명확한 기준이 있는 것은 좋은 질문입니다.

↘ 나는 ***기업의 마케팅부서에 취직할 수 있을까? (O)

좋은 직장의 기준을 명확히 세워놓은 좋은 질문입니다. 어떤 사람에게는 기업의 이름표가 좋은 직장의 기준일 수 있습니다. 하지만 주로 파견직에 해당하는 청소, 기타 용역의 경우 그 직장에 취직했다고 보기 힘듭니다. 그래서 하고 싶은 일을 질문에 넣어둡시다. 좋은 질문은 이렇게 구체적인 내용을 포함하고 있는 것입니다.

✎ 나는 경영진까지 승진할 수 있을까? (X)

시작도 하지 않은 일은 가능하지 않으니 질문하지 않는 것이 좋다고 말씀드린 적이 있지요. 이런 질문은 취직이 된 다음에 사용할 수 있는 질문입니다. 또한 경영진의 기준도 여러 가지입니다. CEO만을 경영진으로 보는 사람이 있는가 하면 이사, 사외이사나 고문, 사외고문 등도 경영진으로 보는 사람들도 있습니다. 좋은 질문은 '내가 지금 다니는 직장의 ***까지 승진하는데 10년이면 가능할까?' 가 되겠습니다.

어떤 것이 간단한 질문인지 예문을 통해 보여드렸습니다. 이야기했던 것들을 정리해 봅시다.

- 질문은 최대한 간단하게
- 타로카드를 통한 질문은
  질문자가 영향을 줄 수 있는 범위 내에 있어야 합니다.
- 가능하지 않은 것은 질문할 수 없습니다.

천천히 읽어보셨나요? 간단하고, 질문자의 통제권에 있으며, 가능한 것, 이걸 한 마디로 규정하면 무엇이 될까요? '한계성' 입니다. 타로카드를 통해 질문할 때는 나에 대한 한계를 규정하는 것이 무엇보다 중요합니다. 이걸 쉽게 풀어 말하자면 내가 할 수 있고 내가 해야 하고 나와 연관된 것들만을 질문하는 것입니다. 자 짚고 넘어갑시다 '질문자와 관련되어 있어야 합니다.'

〈 질문자와 관련되어 있어야 합니다.〉

여기서 문제, 연애 운에서 자주 나오는 질문입니다만, 현재 함께 있지 않은 원거리의 남자(또는 여자)의 마음을 물어도 되는 것일까요? 답은 '네' 입니다. 내가 관심을 두고 있는 그 사람은 이미 나와 '관련' 되어 있기 때문입니다.

지금까지 정확한 질문을 위한 네 가지 전제 조건들을 살펴봤습니다.

질문은 최대한 간단하게
타로카드를 통한 질문은 질문자가 영향을 줄 수 있는
범위 내에 있어야 합니다.
가능하지 않은 것은 질문 할 수 없습니다.
질문자와 관련되어 있어야 합니다.

# 이야기를 기준으로 질문 만들기

그럼 질문자의 이야기를 듣고 간단하고 상황에 대한 지배능력이 질문자의 손안에있으며가능한질문자와관련된질문을한번만들어보겠습니다.

> 지금 1년 반 째 만나고 있는 남자친구가 있어요. 한 몇 개월 전부터 이런저런 트러블이 많았는데 저도 많이 지쳤고.. 우리집에서 부모님도 그만 만나라고 재촉하시구 그래서 며칠 전 헤어지자고 했었어요. 그때 서로 너무 죽을 만큼 힘들어하다 결국 못 헤어지겠다고 다시 만났는데 그 이후로 얘가 너무 힘들어하네요. 만나면서도 매일 밤마다 나가서 술 먹고 힘들어 하고 저도 지켜보는 거 너무 힘들고 서로 정말 좋아하는데 지금 헤어지는 게 옳은 결정일까. 이런 것이 고민 되요. 지금 힘들어하는 걔한테 옆에 있어줘야 하는지 보내줘야 하는지요.

① 헤어져야 할까요?
② 옆에 있어 줘야 하는지 보내줘야 하는지요?
③ 남자친구가 힘들어해요.

3번은 '남자친구가 힘들어해요.' 입니다. 질문 자체는 간단하지만 속 내용은 간단하지 않습니다. 남자친구가 힘들어하니 어떻게 해야 하는지를 질문해야 하는 상황인데 이 경우는 '힘들어하는 남자친구를 위해 제가 어떻게 해야 하나요?' 라고 질문해야 합니다.

관련된 사람이 남자친구와 질문자 둘입니다.

1번과 2번은 질문자의 선택의 문제입니다. 질문자의 질문의 끝 부분을 다시 한번 보겠습니다.

2번은 '헤어질 것인가 계속 만날 것인갸' 로 질문이 두개로 나뉘어 집니다.

1번은 '헤어지는 게 나을꺄' 로 질문이 한가지입니다.

무엇을 선택해야 할까요? 당연히 1번입니다. 앞에서 전제조건이 여러 가지가 될 수 있는 질문은 바람직하지 못하다고 설명해드렸습니다. 전제 조건이 하나만 있는 것은? 1번이 되겠습니다.

저한테 마음이 있는 거 같은 사람이 있어요. 주변사람들도 만나라 만나라 이러는데. 뭐랄까 – 친구로서는 참 좋은데… 그 이상으로 좋은 건지는 잘 모르겠어요. 그리고 또 한 사람이 이 사람은 보면 참 기분 좋고 두근거리고 하는데……. 전혀 관계의 진전이 전혀~~ 네버 없구요. 제가 제 마음을 어떻게 돌려야할지, 언제나 마음이 다 잘 맞는 좋은 사람을 만날지 이런 게 궁금해요.

이런. 대상조차 하나가 아닙니다. 구체적으로는 A와 B 미지의 이상형 C가 있겠지만 질문자가 언급한 A와 B 이야기만 해보겠습니다.

① 나는 A를 친구로 보는 걸까요? 이성으로 보는 걸까요?
② B와 어떻게 하면 관계에 진전이 있을까요?
③ A를 선택해야 할까요? B를 선택해야 할까요?
④ 언제쯤 서로 마음이 맞는 사람을 만나게 될까요?
⑤ 좋아하는 사람과 관계에 진전이 없는 이유가 무엇일까요?

질문내용에 보면 '제가 제 마음을 어떻게 돌려야 할 지,' 라는 말이 있습니다. 이 이야기는 자신한테 마음이 있는 것 같은 사람에게 마음을 돌릴 것인가, 자신은 좋아하지만 진전은 없는 관계에 기대할 것인가, 중에서 자신한테 마음이 있는 것 같은 사람에게 자신이 마음을 줄까? 고민하고 있다는 뜻입니다. 이 이야기는 반대로 자신이 좋아하는 사람이지만 관계에 진전이 없는 이유가 있다는 뜻입니다. 이걸 찾아야겠네요. **좋아하는 사람과 관계에 진전이 없는 이유가 무엇일까요?** 가 최종질문이 되겠습니다. 구체적으로는 B가 되겠습니다.

좋아하는 사람과의 관계를 원하지만 시선을 돌려 자신을 좋아하는 사람에게 갈까 고민하는 중입니다. 속 시원하게 선택을 하려면 '미련'을 해결해 주어야 합니다. 좋아하는 사람에 대한 미련은 이유에 대한 **탐색을 마친다면 미련은 해소될 것입니다. 그래서 '좋아하는 사람'**과 관련된 내용부터 정리해야 합니다. 선택되는 질문은 ⑤ 좋아하는 사람과 관계에 진전이 없는 이유가 무엇일까요? 가 됩니다.

무엇을 말해주어야 할까?

어떤가요? 질문자의 이야기를 잘 듣고 질문을 찾아내고 보니 요점은 간단합니다. 질문이 훨씬 더 긴 경우도 있지만 그런 경우라도 질문은 한 문장으로 압축할 수 있어야 합니다.

물론 압축할 수 없는 질문도 있습니다. 질문자가 여러 가지 사건을 한꺼번에 이야기하는 경우입니다. 이야기를 듣고 필요 없는 내용을 하나하나 빼내는 일은 리더의 기술입니다. 여러분도 할 수 있습니다.

그럼 복잡한 질문들을 시작해 봅시다. 복잡한 이유는 질문이 여러 가지의 주제를 한꺼번에 포함하고 있기 때문입니다. 앞의 예문들은 질문을 받을 때 '연애 운, 한 가지' 같은 방식으로 질문을 제한하고 받은 것이고 이제부터 보시는 예문들은 자유롭게 하고 싶은 말을 다 하도록 한 것입니다. 그래서 질문의 내용에 약간의 차이가 있습니다. 복잡한 질문은 어떻게 처리해야 할까요. 문제가 몇 개나 되는지 하나하나 분리하고 여러 가지 문제 중에서 해결할 우선 순위를 결정해야 하겠습니다.

부부문제

결혼한 지 좀 된 부부입니다. 언제부턴가 부부싸움이 잦아지다가 감정이 격해지면 부부싸움이 집안끼리의 싸움으로 번지게 되었습니다. 결국 몇 개월 전부터 헤어져서 살기 시작했습니다. 서로 냉각기를 가지고 떨어져 살다보면 서로에 대해 생각할 수 있게 될 것이고 어른이니까 조금만 냉정해지면 상황이 나아질 것으로 여겼습니다. 몇 개월이 지난 지금 상황은 나아지기는커녕 떨어져 있으니 그동안의 정도 사라졌는지 이혼소송을 걸어오겠다고 협박을 하고 있습니다. 전화통화라도 하면 심한 말을 하고 자기 말이 끝나면 끊어버리기가 일쑤이고 갈라서자는 말만 되풀이합니다. 대화는 할 수가 없고 대화를 시도할수록 상한 감정만 더 상하는 상태라 이런 마음을 풀어보려고 편지도 써보고 말로 달래보기도 하고 최선을 다해봤지만 상황은 더 나아질 기미가 보이지 않습니다. 답답해요. 우리 부부 사이에 무슨 문제가 있을까요? 실마리를 찾아 문제를 풀어가고 싶은데 도무지 답이 없습니다. 어떻게 하면 좋을까요. 뭐가 문제일까요? 어떻게 하면 좀더 나은 상황이 될 수 있을지 조언 좀 부탁드립니다.

질문에도 레벨이 있습니다만 심리적으로 해결해야 하는 문제 중에는 카드보다는 상담센터로 가야 할 만한 내용들도 있습니다. 카드에 의지해 자꾸 점을 보는 것 보다 상황을 직면하고 해결하려는 태도를 가져야 하는 경우도 있기 때문입니다. 카드 점을 보고도 들은 이야기를 바탕으로 행동하려고 하지는 않고 마음의 위로만을 좇는다면 상황도 정신상태도 악화될 수 있습니다.

카드 점을 보러 온 사람을 상담센터로 보내기가 쉽지 않겠습니다만 같은 문제로 반복적으로 찾아오는 사람을 만난다면, 혹은 반복적으로 똑같은 질문을 하는 친구를 만난다면 상황에 따라서는 상담센터가 최선의 방법이 될 수도 있음을 고려해두시기 바랍니다.

(타로카드를 평생의 직업으로 생각하신다면 심리학을 전공하여 직접 배우시는 것을 권장합니다)

① 남편은 저와 이혼하고 싶은 것일까요?
② 남편은 저에게 무엇이 불만일까요?
③ 남편과의 관계를 회복할 수 있을까요?
④ 제가 무엇을 어떻게 해야 남편이 마음을 돌릴까요?
⑤ 이대로 시간을 기다리면 상황이 나아질까요?
⑥ 남편이 이혼하고 싶어 하는 이유는 무엇일까요?

현재 남편의 마음을 알 수 없고 문제의 원인을 질문자의 설명에서 찾아볼 수 없기 때문에 원인도 찾아야 합니다. 그 다음에야 해결방법을 찾아낼 수 있겠습니다. 질문에서 찾아야 할 중요한 힌트는 구체적인 이유에 대한 설명이 없다는 것입니다. 마지막 싸웠던 이유나 사건의 정황 등이 나오지 않습니다.

무조건 상황을 개선시키고 싶어 하는 질문자의 의지로 볼 때 원인이 과거의 질문자의 행동, 또는 현재까지 지속되고 있는 질문자의 태도에 문제가 있음을 예상할 수 있습니다.

　헌신적인 배우자와 헤어지고 싶어 하는 남편이 있다고 가정했을 때 가능한 예시는 여자가 생긴 것이 아니라면 여자에게 문제가 있는 경우라고 볼 수 있습니다. 이번 케이스의 경우는 남편이 바람이 났거나 혹은 금전적인 문제가 생겼다는 설명이 없어 문제가 질문자에게 있을 가능성이 조금 더 커집니다.

　이 질문에서는 제일 먼저 '남편이 이혼하고 싶어 하는 이유'부터 찾아야 합니다. 다음은 '무엇을 어떻게 해야 남편이 마음을 돌릴 지'를 찾아야겠습니다. 질문자는 관계를 회복하고 싶어 하기 때문에 관계가 회복될 지, 되지 않을 지는 중요하지 않습니다. 질문자의 의지가 명확하기 때문에 질문자는 회복되지 않을 지 모른다고 하더라도 가능한 모든 행동을 할 것이기 때문입니다. 질문을 한 이유(Need)와 가장 바람직한 행동만 찾으면 나머지 요소들은 상황에 따라 변화하기 때문입니다.

이 질문에서 가장 중요한 것은 원인을 찾아내는 것입니다. 원인은 3카드로 보았을 때 가장 첫 번째 과거 카드에서 찾을 수 있고 바람직한 행동은 두 번째 현재 카드에서 찾을 수 있으며 언제쯤 변화하게 될 지는 세 번째 미래 카드에서 읽어낼 수 있습니다.

관계에 지친

안녕하세요. 세상 일이 다 내 뜻대로 되면 좋겠어요. 먼저 인간관계에 대해 알고 싶은데요. 여태 살면서 늘 느끼지만 정말 인복이 없는 것 같아서 정말 속상합니다. 세상에 나 혼자인 거 같습니다. 어느 단체에 속해 있던 주변에 늘 사람이 많고 왕따 당하지 않고 그러는데, 실속이 없어 주기만 하고 늘 받지는 못합니다. 여태 살면서 제일 친한 사람이 늘 자타 공인 인복 많은 사람들이어서 옆에 있는 제 자신이 늘 초라하게 느껴집니다. 그리고 주변에 많았던 사람들이 시간이 지나면 내 의도와는 상관없이 다른 사람들끼리의 관계나, 어떤 계기로든 인연이 끊겨버립니다. 그래서 오래 가는 사람이 몇 명 친구 빼면 없습니다. 그리고 늘 주변엔 믿었던 사람 중 하나가 사람 욕심 많고 시기 질투가 많음이 드러나고 절 지치게 하고 절 좋아 하는 사람들까지 자기를 더 좋아하게 만들려고 노력하고 저도 모르는 사이 상황은 그렇게 되어 늘 제 뒤통수를 칩니다.

이번 케이스도 인복보다는 심리적인 문제에 가깝습니다. 인간관계에 대한 불신, 애정결핍, 불안이 관계에 지속적인 영향을 미치고 완급조절의 실패로 관계를 지속하기 힘든 상태입니다. 관계에 대한 부분은 정서와 행동이 많은 영향을 미치는데 이것을 이해하게 되기까지 사람들은 많은 시행착오를 겪게 됩니다.

질문에서 '시기 질투, 욕심' 이라는 대상에 대한 감정적 표현이 있는 것으로 보아, 질문자가 반복되는 상황에 많이 지쳐있는 상태입니다. 상황이 반복되는 경우 질문자에게 원인이 있을 수 있는데 상황에 화가 나 있는 경우 원인에 대한 설명을 하면서 질문자 탓을 하면 설명을 아예 듣지 않을 수 있습니다.

카드리더에게도 화를 내겠죠. 언제나 사람들과 관계가 좋은 친구에 대한 부러움도 있습니다. 현실적인 해결책을 찾아 주어야 하고 질문자를 위로 해 주어야 합니다.

① 인간관계란 어떤 것일까요?
② 저는 인복이 없나요?
③ 관계가 지속되지 않는 이유는 무엇일까요?
④ 왜 자꾸 잘못된 사람을 믿는 것일까요?
⑤ 친구처럼 인복이 많아지려면 무엇을 해야 하나요?
⑥ 저는 왜 뒤통수를 맞는 거지요?

여러 가지 문제를 이야기하고 있지만 포인트는 '관계가 지속되지 않는 이유' 와 '친구처럼 인복이 많아지려면' 에 있습니다. 친구처럼 되길 원해서 무리하기 때문에 관계가 지속되지 않는 경우일 가능성이 있습니다. 주변의 관계가 한꺼번에 사라진다는 표현으로 보아 관계를 맺게 되면 관계에 대한 욕심으로 '친구의 친구는 모두 내 친구다' 라는 생각으로 주변의 모두와 관계를 맺는다고 볼 수도 있겠습니다.

그러니 상대방의 입장에서는 '내 친구를 모두 빼앗아 갔다' 고 생각해서 관계를 단절하고 싶어졌을 수도 있겠습니다. 가장 먼저 카드에서 찾아야 하는 것은 ③ 관계가 지속되지 않는 이유는 무엇일까요? 에 해당하는 내용입니다. 이것을 찾아내고 나서 무엇을 해야 하는 지를 찾아내면 나머지는 부연설명이 가능해집니다. 무엇을 해야 하는 지를 카드에서 찾아내면서 '왜' 무엇을 해야 하는 지도 설명이 가능해 질 것입니다. 포인트는 문제의 '이유' 또는 '원인' 입니다. 이것은 과거에 위치한 카드에서 드러나게 될 것입니다.

제일 큰 문제는 질문자가 비교할 대상이 있다는 점입니다. 구체적인 목표치가 있기 때문에 그에 도달할 때까지는 만족하지 않을 지도 모릅니다. 넘어야 할 산이 좀 높습니다. 질문자도 문제를 개선하기 까지 시간이 걸릴 수 있고 상담시간도 긴 편이 됩니다.

이 질문에서는 그동안 사건이 일어나게 된 원인이 되는 질문자의 행동을 찾아내는 것이 중요합니다. 과거 카드에서는 반복된 행동의 원인이, 현재카드에서는 질문자의 현재 행동이, 미래 카드에서는 개선을 해야만 상황의 변화가 가능한가, 개선을 하지 않아도 변화가 이루어질 수 있는가를 읽어낼 수 있습니다.

저는 이전에 자동차 부품 프레스공장을 하다가 몇 번의 부도를 맞았습니다. 지금은 타인의 명의를 빌리고 빚을 내 방향제 캔에 엘피지 가스를 충전하는 일을 하고 있습니다. 그러나 요즘은 일이 없어서 빚만 늘어나고 있는 상황입니다. 가스는 기체 액체 고체로도 변하는 습성이 있는데 이것이 저와 맞는지 궁금하고 언제쯤 잘 풀리려는지 궁금합니다. 어떤 일을 해야 괜찮을까요? 하는 일 외에 영업도 조금하고 있습니다. 이것도 저와 괜찮게 잘 맞는지 무척 궁금합니다. 가정 상 문제도 많아 현재는 별거 중에 있습니다. 많은 조언 부탁드립니다.

① 지금 하는 일이 제게 잘 맞나요?
② 언제쯤 잘 풀릴까요?
③ 제게는 어떤 일이 맞나요?
④ 영업은 제게 잘 맞나요?
⑤ 가정 문제는 해결될까요?

포인트는 ② 언제쯤 잘 풀릴까요? 가 되겠습니다. 앞으로 잘 될 것이라면 지금 하는 일이 맞는지 안 맞는지는 둘째 문제입니다. 문제의 해결이야 다른 일을 해서 가능할 수도 있고 현재의 일에 비전이 있어서 앞으로 잘 될 수도 있기 때문입니다.

이미 여러 번 실패한 상태고 가정상황도 좋지 못하지만 여러 가지 일을 하면서 상황을 개선하고자 하는 의지는 충분합니다. 카드를 읽을 때 희망을 가질 수 있는 힌트를 제공해 주는 것이 좋습니다. 잘 맞는 일이라면 무슨 일이든 할 준비가 되어있지만 현재 빚이 있기 때문에 새로 시작하는데 돈이 필요하거나 시간적 투자가 충분히 필요한 일은 카드리더가 추천하더라도 쉽게 시작할 수 없습니다. 카드를 읽을 때도 이 점을 고려해서 읽어야 합니다.

가정문제가 경제상황으로 인한 것이라면 가정문제의 해결과 현재상황의 변화는 함께 이루어질 것입니다. 좀더 빨리 가정 문제가 해결 된다면 질문자가 안정적으로 일에 집중할 수 있을 것입니다. 이 부분이 가능한 지도 카드 읽기에서 빠지지 않아야 합니다. 마지막에 이야기한 것으로 보아 짧게 이야기했지만 질문자에게 중요한 의미를 가지는 일이기 때문입니다.

타인의 명의로 사업을 진행하고 있는 현재의 불안정한 상황이 질문자가 마음의 여유가 없도록 하고 있습니다. 사업이 있는데도 영업 일을 또 하고 있다는 것이 질문자가 마음이 급하다는 것을 보여줍니다. 마음의 여유를 가질 수 있도록 카드에서 시간적으로 가장 빠른 해결 방법을 찾아주도록 합시다.

이 질문에서는 현재, 질문자가 충분히 열심히 일하고 있는가를 꼭 체크해야합니다. 현재 카드에서 이 점을 확인하도록 합시다. 과거에 지난 일은 길게 말할수록 좋지 않기 때문에 현재와 함께 짧게 설명하도록 하는 것이 좋습니다. 미래 카드의 내용과 과거 카드의 내용이 연관될 경우, 과거가 중요합니다.

진학

진학과 관련해 여쭈어보고 싶습니다. 고3인데요. 선생님이 대학원서를 제 점수와 상관없이 미친듯이 한번 높여서 써 보라는데 어디다 써야할지를 몰라 일주일을 고민하다가 이렇게 상담을 합니다. 쉽지 않으실 것은 압니다. 그렇게 봐주실 순 없겠죠. 미친 듯이 높게 어느 대학 어느 과 써봐라. 그런 걸 원한다기보다 정말 터무니없이 아무 대학 아무 과나 쓸려니까 너무 답답하고 불안해서 조금의 의견이라도 들어보고 싶어 찾아왔습니다. 그게 안 되면 그냥 저랑 맞는 과라도 말씀 해주실 수 있으실까요? 부탁드립니다.

① 모험해도 되나요?
② 어디를 써야 할까요?
③ 어느 과가 적성에 잘 맞을까요?
④ 합격할 수 있는 곳은 없을까요?
⑤ 합격 운은 있나요?

대학입시와 관련해서 어느 과, 어느 대학이 좋은가? 하는 질문은 입시 철만 되면 자주 듣게 되는 질문입니다. 보통은 원하는 대학과 전공이 있고 여러 개의 예문 중에서 무엇이 좋은가를 선택하는 질문을 하게 되지만 이렇게 밑도 끝도 없는 질문도 꽤 많습니다.

이런 질문을 하는 이유는 점수가 충분하지 않기 때문입니다. 때때로 4년제 대학교는 거의 불가능한 점수인 경우도 있습니다. 그래서 담임선생님도 '모험'을 권유하는 것이지요. 이 질문자에게는 합격자체가 '행운'이기 때문입니다. 질문자의 적성이나 가능한 과를 고르는 작업보다는 이 질문자가 '합격 운은 있는지'를 먼저 알려주어야 합니다. 그 다음이 적성입니다. 원하는 학과가 없고 예상보다 낮은 성적 때문에 혼란스러운 상태로 보입니다. 목표가 있었다고 하더라도 상황이 좋지 않아 생각할 여유가 없는 것입니다. 불안한 마음이 안정되도록 단어 사용에 각별한 주의가 필요합니다.

* 입시 전망에 대해 어느 정도 설명을 해 주어야 하기 때문에 카드리더는 원서 접수기간이 되기 전, 수학능력 시험의 성적이 발표되는 기간을 전후로 입시사이트 등을 통해 사전지식을 미리 쌓아 두어야 합니다.

* 입시문제에 대한 질문은 부모님과 질문자가 원하는 바를 모두 놓고 비교하는 것이 일반적입니다. 보통 구체적으로 원하는 학교와 학과를 놓고 가능한 지 여부를 하나하나 확인하고 또 다른 가능한 선택이 있는지 제시하는 방식이 사용됩니다.

*적성과 관련된 부분은 별자리스프레드나 차크라스프레드로 카드를 읽어보았을 때 신체부위 중 가장 활성화된 부분을 찾아 판단합니다. 활성화된 부분에 따라 적성, 현재 상태를 판단할 수 있습니다.

(스프레드를 사용하지 않는 경우는 직업군을 따로 표로 나누어 판단할 수도 있는데 크게 법조계-예술계-경제계-인문계-체육계 등으로 나뉘며 각각의 카드에 점수를 두고 점수 중 가장 큰 것을 취합하여 판단하는 점수법과 전체를 100점으로 두고 50점 이상이 되도록 두 개의 계열을 선택해 합산하여 판단하는 합산법이 있습니다.)

성격 차이

작년에 결혼하고 올해 3월에 아들도 낳았습니다. 그런데 집사람이 고집이 너무 세서 걱정입니다. 살다보면 싸우는 일도 있지만 사네 못 사네 그릇이 금이 가는 느낌이 많이 듭니다. 결혼생활이 계속 유지될 수 있을까요? 제가 어떻게 상대를 배려하면 되는지요. 답답한 마음에 상담 요청 드립니다.

① 집사람이 고집이 센 편입니다. 해결방법은?
② 결혼생활이 계속 유지될 수 있을까요?
③ 제가 부인에게 어떻게 해 주어야 할까요?

질문의 핵심은 질문자가 부인을 제어하지 못하는 현재 상황입니다. 현재 부부 사이가 공평하고 동등한 입장이 아닙니다. 현재는 질문자가 양보를 하는 방법으로 결혼생활을 유지하고 있지만 근본적으로 변화시킬 수 있는 방법을 원하고 있습니다. 질문자의 인내가 한계에 도달했기 때문입니다. 참을 만큼 참았으나 계속 문제가 커지고 있어 참는 것만으로는 해결이 되지 않는다고 질문자가 판단하기 시작했습니다. ③ 제가 부인에게 어떻게 해 주어야 할까요? 를 기준으로 답을 찾아야 합니다.

질문자에게는 배려가 생활이 되어있습니다. 부인에게 양보하는 것이 당연하다고 생각하고 있기 때문에 부인에게 양보하라는 것은 답이 될 수 없습니다. 같이 사는 부부 사이에 어느 한쪽이 양보만 한다면 이유가 있어야 합니다.

① 결혼 후에 밝혀진 치부가 있다.
② 경제적 사회적 지위에 부부간 격차가 있다.
③ 집안끼리의 협약 등의 이유로 정략결혼을 한 상태다.
④ 경제적인 능력이 부족하다.
⑤ 신뢰를 잃을만한 잘못을 저질렀다.
⑥ 부인이 정신적인 문제가 있다.

여기까지는 예문입니다. 이 외의 문제도 존재합니다. 원인이 되는 문제가 바로 해결 불가능한 경우는 상황을 개선하기 위해 상당한 기간이 필요합니다. 따라서 이러한 문제의 경우에는 일 이년 정도로 상황이 개선되지 않는다는 것을 질문자에게 해석 전에 설명해야 합니다. 그래야 질문자가 카드에서 읽게 될 내용에 대해 마음의 준비를 할 수 있기 때문입니다.

과거 카드에서는 결혼을 하게 된 결정적인 계기를 읽어낼 수 있습니다. 현재 카드에서는 부인의 마음이 드러나게 될 것입니다. 미래카드의 내용은 긍정적인 내용이 아닐 경우 '해결책을 찾지 못하고 현재상태가 그대로 지속된다면' 이라는 전제를 달고 읽어내야 합니다.

좋아하는 사람이 있습니다. 처음엔 친구였는데 어느 날, 제가 참 많이 좋아하는구나 알게 되었습니다. 걔랑은 전 누가 봐도 어울리지 않는 것 같은데 제가 보기에도 서로 어울리지 않는데 그렇게 되었습니다. 전 소심하고 내성적인 면도 많고 보수적이고 털털한 남자 같은 성격이라 꿈은 많은데 현실에서 벗어날 용기는 없어 대충 맞춰 사는 그런 사람입니다. 걘 알코올 중독에 정신적으로 불안정하지만 왠지 사람을 끄는 그런 매력이 있어 여자든 남자든 미워할 수 없는 그런 사람이고요. 이렇게 사람을 좋아할 수 있다는 거 태어나서 처음 알게 되었습니다. 그런데 전 좋아한다는 말도 농담처럼 밖에 말하지 못합니다. 이 사람 놓치면 이런 사람 또 다시 만날 수 있을까 하는 생각들지만 현실을 깨고 살 수 없을 것 같다는 생각부터 하는 제가 이 사람을 어디까지 감당할 수 있을까요? 그 사람은 날 좋아하기는 하는 건지 내 자신에게나 그 사람에게 용기가 없고 자신이 없어 잡질 못하겠어요. 이 사람이 저의 운명의 사람일까요?

① 그 사람은 나를 좋아 할까요?

② 서로의 성격차이를 극복할 수 있을까요?

③ 끝까지 그를 감당해 낼 수 있을까요?

④ 저는 매력에 빠진 걸까요, 아니면 사랑에 빠진 걸까요?

⑤ 고백을 해도 될까요?

⑥ 친구로 남겨두어야 할까요?

여러 가지 문제가 있습니다. 좋아하지만 성격차이가 있고, 상대방의 성격이나 상황이 일반적인 상태가 아닙니다. 알코올 중독증세가 있고 불안증도 있습니다. 매력적이긴 하지만 현실적인 능력은 떨어집니다. 또 한 가지 문제가 있습니다. '나는 진짜 그를 사랑하는가?' 하는 점입니다. 현재 질문자에게 가장 중요한 것은 ① 그 사람은 나를 좋아 할까요? 가 될 것입니다. 그 사람이 자신을 좋아하지 않는다면 고백을 할 필요도 없고 성격 차이나 현실적인 문제를 걱정할 필요도 없습니다. 현실적인 문제들은 크게 '그 사람이 나를 좋아해서 내가 고백한 이후'에 의미가 있는 것이기 때문입니다.

질문자는 지금 혼란스러운 상태입니다. 지금의 감정이 일시적인 것인지 계속될 것인지도 알 수 없습니다. 진짜 사랑하는 것인지 그저 매력적인 친구에 대한 끌림인지도 모릅니다. 질문자가 궁금해 하는 것은 ① 그 사람은 나를 좋아 할까요? 가 되겠지만 카드리더는 질문자의 현재의 감정 ④ 저는 매력에 빠진 걸까요, 아니면 사랑에 빠진 걸까요? 에 대해서도 풀어주는 것이 좋겠습니다.

이처럼 질문자가 원하는 것과 질문자에게 필요한 것이 서로 다른 경우가 있습니다. 선택의 기준은 언제나 '질문자가 원하는 것'이 되어야 합니다.

* 사랑중독(Love addiction)이라는 증상이 있습니다. 쉽게 사랑에 빠지고 한번 사랑에 빠지면 삶의 전부를 사랑에 거는 것을 사랑중독이라고 합니다. 여러 번 사랑과 이별을 반복할수록 더 쉽게 사랑에 빠지는 것이 사랑중독의 특징입니다. 사랑중독의 경우 적절치 못한 대상에 빠져드는 것도 문제가 됩니다. 지배적인 남성에 빠져들거나 중독증이 있는 남성, 이른바 나쁜 남자에게 빠져드는 것이지요. 이 질문자가 설명하고 있는 대상도 중독증세가 있고 불안증이 있는 것으로 보아 '나쁜 남자'가 아닐지, 또 비슷한 사랑에 빠진 적은 없는지 질문자에게 물어보는 것이 좋겠습니다.

* 현재의 연애 운에 대해 질문할 때 연애경험이 있다면 가장 최근에 헤어진 애인에 관해, 혹은 가장 감정적으로 힘들었던 이별에 관해 물어보는 것은 질문자를 이해하는데 도움을 주고 질문자가 현재의 애인과 이전의 애인을 스스로 비교해 볼 수 있는 계기를 제공합니다.

창업

저는 어려운 상황에서도 공부를 해서 공인중개사시험에 합격한 주부입니다. 자격증을 따고 2개월 정도 아르바이트를 했는데 제가 혼자 해도 되겠다는 생각이 들어서 한번 도전해 보려고요. 제가 여자니까 땅 보다는 아파트 상가에서 자리를 잡고 아파트를 위주로 중개업을 해 보려고 합니다. 저로서는 아주 중대한 결정입니다. 좋은 조언 부탁드립니다.

① 저에게 사업 운이 있나요?
② 혼자서 사업을 해도 문제는 없을까요?
③ 이정도면 충분히 배운 것일까요?
④ 금전적인 문제는 없을까요?
⑤ 가족의 지지를 받을 수 있을까요?

질문자에게 의지가 있는 것은 확실합니다. 주부가 시간을 내 공부를 해서 공인중개사시험에 합격하기란 쉬운 일이 아니기 때문에 결과적으로 미루어 보아 질문자는 '노력하는 사람' 입니다.

가장 근본적인 문제는 ③ 이 정도면 충분히 배운 것일까요? 입니다. 질문자도 불안한지 '2개월 아르바이트' 를 솔직히 털어놓았습니다. 사업 운 보다는 질문자가 준비가 되었는지 알아보는 것이 우선입니다.

첫 번째는 ③ 이 정도면 충분히 배운 것일까요? 경험이 충분한가의 문제입니다.

두 번째는 ④ 금전적인 문제는 없을까요? 금전적인 준비, 자본금이 충분한가의 문제.

세 번째는 ⑤ 가족의 지지를 받을 수 있을까요? 일을 하게 되면 많은 것을 양보해야 할 가족에 대한 고려가 있어야 합니다. 가족이 있는 여자들은 부양해야 할 특별한 이유(남편의 실직 등)가 있다고 해도 가족의 반대로 꿈을 접는 경우가 많으니까요.

질문자는 지금 흥분되어 있는 상태입니다. 미래에 대한 희망과 잘 될 것이라는 믿음도 가지고 있습니다. 그래서 '2개월' 이라는 경험적 미숙을 '운이 좋다면' 극복할 수 있다고 생각합니다. 냉정하게, 객관적으로 생각한다면 2개월 배웠는데 창업은 무리입니다. 그래도 질문자가 적극적으로 원하고 있기 때문에 카드가 뭐라고 나오건 질문자는 창업을 할 것입니다. 그러니 질문자의 노력으로 극복할 수 있는 문제가 아닌 것 [금전적인 문제, 가족의 지지]를 중심으로 문제와 걸림돌에 대해 질문자에게 설명하는 것이 좋습니다. 이런 외부적인 문제를 극복할 수 있다면 질문자는 원하는 것을 이룰 수 있습니다. 질문자는 이미 '의지' 가 충분하니까요.

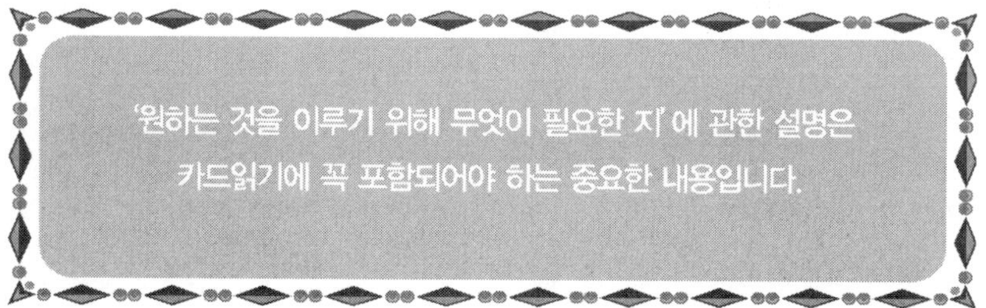

자녀 교육

저는 형제들이 있으나 형제들과 달리 저만 유독 부모님과 잘 맞지 않는 편이라 어린시절 다른 사람들의 선입견과는 달리 많은 괴로운 인생경험을 하고 오랫동안 방황하며 힘든 시간을 겪었습니다. 그래서 엄마가 된다는 것이 두려웠습니다. 아이를 가지는 것에 자신도 없었고 아이를 가지고도 그런 생각들이 저를 지배해 태교도 제대로 못했습니다. 아이를 낳고 나서는 우리 부모님같이 되진 말아야지 생각하고 좋은 엄마가 되어야 한다는 것에 약간은 강박적으로 생각하면서 내 나름으로는 아이를 위한다고 노력한 일들이 오히려 아이에게 해가 된 것 같습니다. 마치 우리 부모님과 같은 행동을 하고 있는 나를 보고 있는 것 같다는 생각도 들어 불안합니다. 의도한 건 아니지만 나도 모르게 아이에게 해를 끼치고 악영향을 주고 있지는 않은 지 걱정이 많이 됩니다. 제가 아이를 위해 무엇을 노력해야 할까요?

① 내가 부모로서 잘 하고 있습니까?
② 나는 아이에게 무엇을 해 주어야 할까요?
③ 내가 아이에게 해를 주고 있지는 않습니까?
④ 나는 왜 불안해하고 있는 것일까요?

자신의 아이에게 내가 좋은 부모인가의 문제는 모든 부모들이 항상 고민하고 노력하는 문제입니다. 그러나 일반적인 부모와는 달리 질문자에게는 부모와의 관계가 원활하지 않았다는 과거의 상처(트라우마)가 있습니다. 이런 상처가 질문자에게 지속적인 불안감을 느끼게 하고 있습니다. 아무 문제가 없어도 불안하고 자녀에게 정당한 이유로 화를 내거나 혼을 내야 할 때도 적절한 판단을 힘들게 합니다. 매번 행동을 하기 전에 사소한 일까지 이래도 좋은지 고민을 하게 되면 타이밍을 맞출 수 없고 때를 맞추지 못하고 화를 내거나 뒤늦게 처벌을 하게 되면 아이는 상황을 이해하지 못해 부모와 거리가 생기게 됩니다.

* 시몬드(Symond)의 심리적 과정모형 *
① 과보호적인 부모 : 약한 사회적응, 부모 의존적
② 거부적인 부모 : 공격성, 반항성, 자주 싸움을 함.
③ 지배적인 부모 : 복종적, 열등감, 눈치가 빠름.
④ 헌신적인 부모 : 고집이 셈, 반항적임.
⑤ 수용적인 부모 : 협동성, 우정, 정서적 안정, 명랑, 긍정적인.

부모의 양육태도는 자라온 환경과 조부모의 양육태도와도 많은 관련이 있습니다. 자신이 자라온 환경대로 자녀를 양육하거나 혹은 그 반대로 양육하려고 노력하게 됩니다. 매를 맞고 자란 자녀가 성장 후 쉽게 다른 사람을 학대할 가능성이 높다는 학설이 질문자가 불안해하는 가장 큰 이유로 보입니다. 불안감을 해소시키려면 그렇지 않다는 것을 확인해 주어야 합니다.

① 내가 부모로서 잘 하고 있습니까? 에 대한 답을 찾아야겠습니다.

과거 카드에서 질문자를 양육한 부모님의 양육방식을 읽어낼 수 있습니다. 현재 카드에서는 질문자가 가장 약한 부분, 질문자가 가장 어려워하는 부분을 읽어낼 수 있습니다. 마지막으로 미래카드에서는 질문자가 원하는 이상향을 읽어낼 수 있을 것입니다.
자녀의 가출, 양육문제 등은 사전지식 없이 설명하기 쉽지 않습니다. 청소년심리, 아동심리, 좋은 부모 되기 등의 책을 권해주시고 카드 리더도 읽어두시기 바랍니다.

원래는 건강체질이었는데 올해는 이상하게도 중요한 시기에 계속 몸이 좋질 않습니다. 꼭 중요한 시기에 몸이 아픕니다. 몸이 안 좋으니 하던 일도 그만두고 싶은 생각까지 들거든요. 꼭 조언 부탁드립니다. 그리고 또 한 가지 문제가 있는데 저의 인생에 남자가 없을 것 같다는 생각이 요즘 계속 듭니다. 예전엔 시집을 늦게 가야겠다고 생각했었는데 요즘은 아예 혼자 살고 싶다는 생각을 많이 합니다. 지금 제가 가지고 있는 생각이 맞는지 아님 언제쯤 반쪽을 만나려는지 가르쳐 주세요. 제 주변에 연하남이 많은데 혹시 연하남이 어울리나요?

① 건강에 이상이 생긴 것일까요?
② 일을 계속 할 수 있을까요?
③ 저의 인생에는 남자가 없나요?
④ 저는 시집을 늦게 가야 하나요?
⑤ 혼자 살아야 하는 운명인가요?
⑥ 저와 연하남이 어울리나요?

건강체질이 몸이 아픈 원인은 '신경성 질환'도 가능성이 될 수 있겠습니다. 몸이 아파 일을 그만두고 싶어지는 것이 아니라 거꾸로 일을 그만두고 싶은 골치 아픈 일이 몸을 아프게 하는 것이 아닐까도 염두에 두어야 합니다. '중요한 일이 있을 때'라는 힌트를 보면 가능성이 있습니다. '교통사고'나 '몸살감기' 등 갑자기 발병할 수 있는 병명의 구체적인 언급이 없는 것으로 보아 정확한 진단이 가능하지 않은 신경성 질환이 됩니다. 무언가 마음의 문제가 있습니다. '아예 혼자 살아 버릴까?'와 '연하남을 사귀어 볼까?'도 원하는 바가 서로 충돌합니다. 그런데 자세히 보면 질문은 한 가지라는 것을 알 수 있습니다. ⑤ 혼자 살아야 하는 운명인가요? 가 가장 중요한 질문입니다. 건강문제는 우선 순위에서 밀립니다. 특별한 병이 발병한 것도 아니고 신경성 질환은 마음의 문제에서 비롯되는데 이 마음의 문제의 바탕이 애인이 없다는 '외로움' 이라는 것이 질문에 구체적으로 표현되어 있기 때문입니다. '늦게라도 짝이 생기겠지' → 이러다 혼자 사는 거 아냐? → 연하라도 사귀어 볼까? 모든 질문은 '짝이 없어 외롭다' 는 전제 조건에 따른 것입니다. 질문자는 지금 외롭습니다. 그러니 7번을 하나 추가하겠습니다. ⑦ 저한테는 언제쯤 애인이 생기나요? 에 대한 답도 찾아주도록 합시다.

과거 카드에서는 질문자가 가지고 있던 가장 긍정적인 마인드를 읽어낼 수 있습니다. 현재 카드에서는 질문자가 피하고 싶어 하는 것을 찾아낼 수 있습니다. 미래카드에서는 질문자가 애인을 얻게 될 지, 꿋꿋하게 혼자서 버티고 있을 지를 읽어낼 수 있습니다.

혼자 버는 것보다는 둘이 버는 게 낫고, 직업을 계속 가지고 있는 것이 좋겠다고 판단해서 결혼과 출산 후에도 직장을 계속 다니고 있습니다. 그런데 현재 하고 있는 업무가 제 적성과 너무 맞지 않아 그만두고 싶은 마음 때문에 요즘 하루하루가 괴롭습니다. 막상 그만두자니 돈도 그렇고, 제 자신의 능력을 썩히는 것이 아닐까 아까워서 어찌해야 할 지를 모르겠습니다. 주위에서는 컴퓨터 교사를 해보라고 하는데 교사가 되려면 교직이수를 안 해두어서 이 나이에 사범대학을 다시 편입해야 하나 싶기도 하지만 시험에 붙을 지 모르겠고, 그렇다고 공무원 준비를 하자니 마찬가지로 붙을 수 있을 지 자신도 없고 막막합니다. 제 직장 운 좀 봐주세요. 어떤 게 현명한 판단일까요? 공무원 시험을 보면 붙을 수 있을 지 아님 사범대학을 가서 교사의 길로 가는 것이 제 운명과 맞는지 둘 다 아니면 그냥 참고 지금 직장에 다녀야 되는지 궁금합니다.

① 직장을 그만 두어도 될까요?
② 지금 직업이 제 능력에 맞나요?
③ 직장 운이 어떤가요?
④ 컴퓨터 교사는 어때요?
⑤ 공무원 시험에 붙을 수 있을까요?
⑥ 지금 직장이 최선일까요?

질문자는 컴퓨터관련 전공자이며 현재 직업에 만족하지 못하고 있습니다. '요즘' 이라는 표현으로 보아 계속 불만을 가지고 있었던 것은 아니고 최근에 그런 생각을 가지게 된 것으로 보입니다. 계기가 무엇인지가 중요하겠습니다. '공무원'이나 '교사'라는 표현은 '안정적이고 남에게 인정받는 직업'에 대한 욕구를 표현합니다. 구체적인 기준과 비교대상이 있다는 뜻입니다. '이 정도면 내가 이길 수 있어'라는 마음을 가질 정도로 질투하고 있는 중입니다. 동창이거나 사촌이거나 엄마친구 딸도 가능하겠습니다. ⑦번을 하나 추가해 보겠습니다. '제가 누구를 이길 수 있을까요' 누굴 왜 이기고 싶은지 질문자에게 물어보는 방법도 좋습니다.

여기서 가장 중요한 질문은 ⑥ 지금 직장이 최선일까요? 입니다. 스스로의 능력이 이 이상의 것을 추구해도 되는가, 그냥 이곳에서 일을 하는 것이 나에게는 최선인가를 알아야 다른 직업을 준비를 하거나 직장을 그만둘 수 있기 때문입니다. 공무원인가, 교사인가는 그 다음문제입니다.

과거 카드에서는 질문자가 과거에 행복했던 이유를 읽어내면 됩니다. 과거에는 무엇 때문에 만족했는가를 짚어낸다면 질문자는 현재 마음이 변화하게 된 이유를 스스로 깨닫게 될 것이기 때문입니다. 현재 카드에는 질문자가 '적'으로 생각하는 상황 또는 인물이 드러나게 될 것입니다. 미래 카드에서는 현재 직장에 그대로 남아있는가, 다른 직업을 가졌는가를 읽어내면 됩니다.

직업 적성

직장 운 관련 질문입니다. 올해나 내년 상반기 중에 부서 이동 운 같은 건 없을까 해서요. 지금 있는 부서로 발령나면서부터 안 좋은 일이 꼬이는 것도 많고 여러 가지(일, 대인관계) 문제로 벅찬 상태입니다. 그리고 제가 1~2년 정도의 여유를 가지고 9급 공무원시험 준비를 해볼까 하는데 괜찮을까 해서요. 지금도 형편상 다른 거 할 여유는 없지만. 이대로 그냥 살자니 하루하루가 지루해서요. 그리고 회사가 결혼하면 그만 두어야 하는 곳이거든요. 그래서 더 불안하답니다. 꼭 공무원이 아니더라도 제게 맞는 건 무엇일지. 그리고 제 진짜 인연은 언제쯤 나타날까요? 결혼 상대자 말이에요.

① 올해나 내년 상반기 중에 부서이동 운이 있나요?
② 공무원 준비는 어떨까요?
③ 제 인연은 언제쯤 나타날까요?

현재 질문자의 가장 중요한 기준은 '연애' 와 '결혼' 입니다. 현재 근무하고 있는 회사가 결혼하면 나가야 하는 곳이라고 하더라도 현재 애인이 없으면 별 문제가 없습니다. 그런데도 질문자는 공무원 시험 준비를 하려고 합니다. 삶이 지루해서 라고 표현하고 있지만 실제로는 결혼에 관한 준비를 차곡차곡 하고 있는 중입니다. 번호를 역순으로 하면 우선 순위로 정리가 되겠습니다. 제일 중요한 것은 ③ 제 인연은 언제쯤 나타날까요? 입니다. 인연이 나타나 회사를 그만 둘 준비를 해야 한다면 ② 공무원 준비는 어떨까요?가 중요해집니다. 아직 준비된 인연이 없다면 현재의 직장에 충실해야 하기 때문에 ① 올해나 내년 상반기 중에 부서이동 운이 있나요? 가 중요해지겠습니다.

좋아하는 배우 같은 이상형을 물어보는 것도 좋고 미래의 배우자에 관한 구체적인 꿈을 들어보는 것도 좋습니다. 질문자가 이러한 대화를 통해 자신의 질문이 사실은 직업 운이 아니라 연애 운 임을 깨닫게 할 수 있기 때문입니다.

구체적인 계기를 물어보는 것도 좋은 방법입니다. 명절 전후에는 현재의 자신의 사회적인 상황에 대해 고민하는 여성들이 늘어나기 때문입니다. "너는 언제 결혼하니" 라든가 "사돈의 팔촌 누구는 의사에게 시집간다더라. 너보다 두 살이나 많은데." 같은 친척들의 한마디가 그녀들을 불타오르게 합니다. 남자도 다르지 않습니다. "내 제사상은 누가 차려줄거니." 라든가 "사촌 누구는 벌써 애가 둘이다 너보다 나이가 어린데 말이야." 같은 친척들의 애정 어린 조언은 명절상차림에 고단한 어머니를 보는 아들들의 어깨를 더 움츠러들게 합니다. 명절과 연말연시는 혼자서 살 수 있다고 자신하던 싱글들도 자신의 선택이 바른 것인지 고민하게 되는 시기입니다.

과거 위치의 카드에서는 질문자가 사회적 지위와 현재 상황에 만족하는 가를 판단할 수 있으며 현재 위치에서는 불만을 가지게 된 계기를 찾아낼 수 있습니다.

오랜 시간 동안 만족하지 못하고 살고 있는 경우는 과거카드에서 구체적인 이유가 나타나게 되는데 이유는 매우 사소한 것에서 시작할 수 있으므로 키워드를 통해 유추되는 이유가 여러 가지가 있을 경우 가장 사소한 것부터 질문자에게 서술합니다.

 ## 실업

올 초에 직장을 그만두었습니다. 몇 개월 전 여러 곳에서 갑자기 동시에 연락이 와서 고민하다가 한 곳으로 결정하고 다니다 적성에 맞지 않아 그만두었습니다. 그리고는 지금까지 백수로 지내고 있어 초조합니다. 장가도 못 간 미혼입니다. 저는 기계 기술개발 일을 했습니다. 제가 거주하는 지역에는 전부 영세한 업체만 있어 갈 곳도 마땅치가 않고 그마저도 이제는 갈 곳이 없습니다. 원래 다니던 직장을 그만둔 것에 아직도 미련이 있어 후회도 많이 됩니다. 전 직장에서 제가 그만둔 것을 알고 다시 불러준다고 했는데 연락이 없는 상황입니다. 조언 좀 부탁드립니다. 갈 곳이 없으니 차라리 직업을 바꾸는 건 어떨까요? 장사나 지금과는 다른 계통으로의 이직은 괜찮은가요?

① 직업을 바꾸는 것은 어떨까요?
② 장사가 잘 맞을까요?
③ 결혼을 할 수 있을 까요?
④ 언제쯤 다시 직장을 가지게 될 까요?
⑤ 전 직장으로 돌아갈 수 있을까요?

질문자에게 가장 중요한 질문은 ④ 언제쯤 다시 직장을 가지게 될 까요? 입니다. 그가 지금 가장 원하는 것은 백수에서 탈출하는 일입니다. 장사나 이직을 고려하는 것도 직업을 가질 수 있다면 무엇이든 할 수 있다고 생각하는 질문자의 적극적인 의지를 보여주고 있습니다.

또 한 가지 중요한 질문이 있습니다. 그가 아직 결혼을 못 한 것에 대한 안타까움이 질문자의 마음 한구석에 자리 잡고 있습니다. 질문자는 안정적인 직장을 다시 찾고 돈을 좀 모으면 언젠가는 자신도 결혼할 수 있을 것이라고 희망을 가지고 있습니다. 희망적이고 진취적인 태도를 그에게는 직장문제가 해결될 시기를 시간적인 기준으로 설명해 주어야 합니다. 사업 운이나 금전 운 을 설명해 주는 것도 나쁜 방법은 아닙니다만 우리는 질문자의 질문의 내용이 무엇보다 앞선 기준이라고 배웠습니다. 질문내용 중에 해결책이 될 만한 것이 하나 있습니다. ⑤ 전 직장으로 돌아갈 수 있을까요?입니다. 전 직장에서 그를 다시 채용한다면 가장 간단한 문제 해결의 방법이 될 것입니다.

그가 얼마나 더 기다릴 수 있는가를 먼저 질문해야 하고 앞으로 1~2개월 정도 전 직장의 통보를 더 기다릴 수 있다면 전 직장과의 문제와 관련해 먼저 카드를 읽어보는 것도 좋은 방법입니다. 질문자가 가장 원하는 것은 제자리로 돌아가는 것이기 때문입니다. 그래서 이 질문의 핵심은 ⑤ 전 직장으로 돌아갈 수 있을까? 가 됩니다.

카드 읽기에서 질문자의 어떤 잘못이 직장을 그만두게 했는지를 읽어내게 된다면 최대한 객관적으로 설명하는 것이 좋습니다. 예전 직장에서는 실수로 그만두지 않았을지 모르나 옮긴 직장에서는 트러블이 있었을 가능성이 있습니다. '적성에 맞지 않다'는 표현은 자신에게 주어진 업무에 만족하지 못했다는 뜻입니다. 기대를 가지고 옮긴 직장에서 원하는 만큼 대우를 받지 못했기 때문에 적성이 맞지 않았다고 완곡하게 표현했을 것입니다. 결국 이전의 직장이 더 낫다고 생각해서 돌아갈 수 있다는 희망을 가졌으나 상당기간 연락이 없는 상태이기 때문에 이 질문에서는 미래카드에서 '결과가 도래할 시기'를 읽어내는 것이 중요합니다.

재혼

어머니 이야기를 여쭤보고 싶어서요. 제가 이제 결혼을 하는데, 결혼하면 혼자 계실 어머니를 생각하니 마음이 속상합니다. 전 결혼하게 되면 지방으로 가거든요. 어머니가 이혼 하신 후 계속 혼자 살고 계시는데 제가 결혼하는 상황이다보니 어머니에게 버팀목이 되어주실 새 아버지가 계셨으면 좋겠다는 생각을 많이 합니다. 저희 엄마에게 좋은 분이 나타날 지, 어머니가 장사를 하시면 괜찮으실까요? 궁금합니다.

① 어머니가 결혼할 만한 남자분이 나타날까요?
② 어머니가 장사를 하면 괜찮을까요?
③ 혼자서 괜찮으실까요?

질문자는 혼기가 지나 늦게 결혼하는 상태입니다. '이제' 라는 말은 일찍일 때 사용하는 '벌써' 와 반대로 늦었을 때 쓰는 말입니다. 결혼을 늦게 하게 된 이유가 있습니다. 질문자가 가장이었기 때문입니다. '어머니가 장사를 하시면' 이라는 표현을 보면 알 수 있습니다. 현재까지는 사업을 하시는 중이 아니고 지금 딸의 결혼을 계기로 창업을 고려하고 있다면 이전에는 무직이시거나 무직에 가까운 비전문직에 종사하고 있었다는 뜻입니다. 부모에 대한 애착이 있는 질문자의 부모님이 청소나 가사도우미일을 했을 가능성은 낮기 때문에 무직일 가능성이 좀더 높습니다.

여러 가지 이유를 종합해 볼 때 질문자가 가장 중요하게 생각하는 것은 ③ 혼자서 괜찮으실까요? 입니다. 질문자는 자신의 결혼으로 인해 어머님이 혼자서 사는 것이 불안하고 죄스럽습니다. 때문에 괜찮을 것이라는 답변이 나와도 만족하지 않을 것입니다. 괜찮지 않다. 라고 단정 짓고 질문한 것이기 때문입니다. 그래서 읽어야 하는 것은 어머니가 금전적으로 독립할 수 있는가. ② 어머니가 장사를 하면 괜찮을까요? 와 관련된 부분입니다. 금전적인 문제가 해소된다면 다른 문제는 순차적으로 해결될 수 있으니까요. 물론 장사가 어울리고 잘 된다고 하더라도 질문자가 바로 만족하지는 않을 것입니다. 자신이 떠나는 것으로 인해 환경이 변하게 되는 어머니에 대한 걱정이 말 한마디로 사라지지는 않을 것이기 때문입니다.

문제가 여러 가지가 있을 때 과거 카드는 근본적인 문제, 즉 현재 상태는 나쁘지 않다고 생각하더라도 언젠가 다시 터질 수 있는 문제를 표현하게 됩니다. 따라서 과거카드가 가장 중요한 읽기의 핵심입니다.

실업자의 직장운

제 남자친구의 직장 운이 궁금해서요. 직장 안 다닌지 1년이
다 되어 가는데 집안에서 모르기 때문에 제가 용돈과 생활비를
주고 있습니다. 원래 결혼하려고 했는데 직장을 옮기려고 하다
가 잘못돼서 무직상태가 되는 바람에 지금까지 결혼을 못하고
있습니다. 우리 남자친구 직장 운이나 재물 운 좀 봐주시겠습
니까? 워낙 오래 사귀었고 사이도 좋아요. 근데 집안 조건도
별로고 장남이고 지금 무직인 상황이고 정말 암울한 상태입니
다. 헤어질 생각은 없는데 앞으로 어떻게 될 지가 궁금합니다.

① 이 남자와 결혼할 수 있을까요?
② 남자가 빠른 시간 내에 직장을 가지게 될까요?
③ 앞으로 계속 사귀게 될까요?
④ 언제쯤 상황이 좋아질까요?
⑤ 제가 어떻게 하는 것이 좋을까요?
⑥ 제가 계속 용돈과 생활비를 주어야 할까요?

여러 가지 문제가 있습니다. 하나는 계속 남자의 경제적인 문제를 부담
해야 하는 것인가 하는 것입니다. 실업기간동안 계속 생활비와 용돈을 부
담해야 하는지, 아니면 이 정도면 할 만큼 한 것이니 이제 그만 해 주어도
되는지 판단해야 합니다. 또 하나는 이 남자와 결혼할 수 있을까 하는 부
분입니다.

사이가 좋은 것과 미래를 함께 하는 것은 별개의 문제입니다. 실업상태
가 이미 일년이 다 되어가고 있다면 남자가 실업상태에 익숙해져 있을 수

있습니다. 취업의 의지가 약화되었을 것입니다. 1년 정도 사회생활을 하지 않았다면 사회생활을 다시 하게 되었을 때 적응기간도 필요할 것입니다. 즉 사회에 복귀하기까지, 당장 취업을 한다고 하더라도 쉬었던 기간과 동일한 기간 1년 또는 그 이상이 필요할 것이라는 것을 예상할 수 있습니다. 이것이 질문자의 선택에 고려되어야 합니다. 현실을 감안한다면 당장 취업이 된다고 하더라도 1년 이내에는 현재 남자친구와 결혼할 수 없을 것입니다. 카드를 해석하기 전에 어느 정도 남자친구에게 시간을 줄 생각인지를 질문자에게 먼저 물어보아야 합니다. 더 이상 기다릴 수가 없어서 물어본 것이라면 이미 관계에 금이 가기 시작했다고 보아야 합니다.

가장 중요한 질문은 ⑤ 제가 어떻게 하는 것이 좋을까요? 이나 서로 다른 복수의 대답이 선택될 경우 질문자가 선택할 수 없는 상태이기 때문에 차선책으로 ① 이 남자와 결혼할 수 있을까요? 를 질문하도록 합니다. 이것으로 결혼의 가능여부와 시기를 미루어 재취업의 시기를 가늠할 수 있게 됩니다. 질문자는 이미 일년 가까이 남자친구를 위해 희생하고 있습니다. 그 기간이 아까워서라도 쉽게 남자와 헤어지려고 하지는 않을 것입니다. 때문에 카드를 읽을 때 남자의 단점이나 나쁜 점을 서술하는 것은 좋지 못합니다.

현재 진행 중인 행동의 방향을 결정할 때는 현재카드가 중요합니다. 왜 그것을 하게 되었는지 이유를 질문자가 잘 알고 있기 때문에 과거는 중요하지 않습니다. 현재의 행동이 한쪽으로 치우치지 않았는가, 미래를 위해서 어느 쪽이 현명한가를 카드를 통해 비교해서 읽는다면 좋은 답변이 될 수 있습니다.

기혼여성의 직장운

결혼한 지 3년차이고 아기는 아직 없습니다. 직장생활 때문에 여쭤보고 싶어서요. 직장생활을 결혼 후에도 계속하고 있습니다. 지금까지 노력은 나름대로 했는데 좋은 여건을 만나지는 못했습니다. 물론 제가 부족해서겠지요. 원래 프로그램 일을 하고 싶어 공부하고 회사에서 4년 정도 일했는데 회사 쪽이 재정적인 문제가 악화되어 월급도 다 못 받고 그만두게 되었습니다. 일하고 싶고 그냥 있기에는 답답한 마음에 다른 회사에 입사했는데 이 쪽도 여건이 별로 안 좋습니다. 생각 같아서는 공무원시험 같은 공부를 해보고 싶은데 공부를 해도 그런 쪽에 운이 있어야 되지 않을까 싶기도 하고 해서요. 안정적인 직업을 찾고 싶은데 결혼한 여자가 갈 수 있는 회사는 거의 없어서 고민됩니다. 제가 시험쪽으로 운이 있을까요? 아님 어떤 다른 어떤 쪽에 뜻을 두는 것이 좋을까요?

① 공무원 시험을 보면 운이 있을까요?
② 저의 적성은 무엇인가요?
③ 안정적인 직장을 가질 수 있을까요?

질문자의 문제는 현재의 직업, 과거의 직업, 현재 가능한 미래의 직업이 안정적이지 못한데 있습니다. 이미 회사의 재정악화로 인한 실업을 경험하였고 현재직장의 상태도 좋은 것은 아닙니다. 때문에 기혼여성이 가질 수 있는 안정적인 직장인 공무원시험에 도전해 보려고 하는 상태입니다. 질문에서 현재 가지고 있는 불만의 이유가 명확하게 드러나 있습니다. '결혼한 여자가 갈 수 있는 회사는 거의 없어서 고민이 됩니다' 라고 말하고 있기 때문입니다. 해보고 싶어서 공부를 해서 직업을 가지게 되었는데 그 직업이 생활의 불안을 야기 시킨다면 충분히 실망스러울 것입니다. 경제적인 불만을 제외하고는 '일이 맞지 않는다' 는 표현이 질문에 포함되어 있지 않기 때문에 ② 저의 적성은 무엇인가요? 는 질문에서 제외되고 현재 종사하고 있는 직종에서도 안정적인 생활을 영위할 수 있다면 직업을 바꿀 의사가 없기 때문에 가장 중요한 질문은 ③ 안정적인 직장을 가질 수 있을까요? 가 됩니다.

이 질문의 답을 통해 현재 직업을 유지해야 하는가, 다른 직업을 고려해야 하는가를 결정할 수 있을 것입니다. 질문자는 직업이 안정적인 생활을 영위하기 위한 기본적인 선택이라는 아주 명확한 기준을 가지고 있습니다. 자기계발이나 사회적 만족도 등의 부차적인 이유를 가지고 있지 않기 때문에 이런 질문에서는 금전적으로 안정적인 직장이라는 기준을 바탕으로 카드를 읽으면 됩니다.

직업과 관련된 질문에는 여러 가지 기준이 존재합니다. 금전적인 기준, 사회적인 지위와 평가에 따른 기준, 자신의 전공 또는 꿈과 관련되는 자기계발 만족도가 그것입니다. 이 질문은 현재카드에서 나타나는 질문자의 현재상태가 중요합니다. 현재카드가 적절한 상태를 의미하는 카드로 선택된다면 질문자는 현재 자신의 능력을 고려했을 때 적절한 직업을 영위하고 있는 것으로 볼 수 있습니다. 현재카드에서 능력이하, 또는 능력에 넘치는, 등의 뜻이 선택된다면 질문자가 이직을 고려해 보아도 좋다는 뜻으로 해석될 수 있습니다.

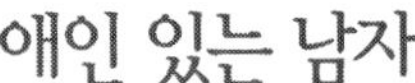# 애인 있는 남자

얼마 전 취직이 되서 직장생활을 잘 하고 있습니다. 사무실 직원들 모두가 자상한 분들이고 가족같은 분위기라 일하기는 더없이 좋습니다. 아직 제가 일에 서툴러 가끔 실수도 하지만 크게 나무라지도 않고 자상하게 잘 가르쳐 주십니다. 그런데 제가 직원 중에 한 분을 좋아하게 되었습니다. 처음 봤을 때부터 호감이 생겼는데 한 달 정도 같이 생활하다보니 점점 더 호감이 강해져 좋아하게 되었습니다. 저도 모르게 자꾸 시선이 가고 신경이 쓰입니다. 그 분에게는 애인이 있다는 얘기도 들었는데 마음이 흔들리고 있습니다. 이 분이 애인과는 같은 지역에 있으면서도 자주 만나는 것 같진 않지만 그리고 여자 분에게 약간 조울증이 있다고 합니다. 그래도 사이는 좋아 보입니다. 어떻게 해야 할까요. 고백하려고 해도 용기가 안 납니다. 혹시나 거절당하면 회사생활은 어찌해야 되는 걸까요. 제가 어떻게 해야 할지 좀 알려주세요.

① 고백해도 될까요?
② 고백이 회사생활에 영향을 미칠까요?
③ 자상함이 저에 대한 관심일까요?
④ 그분은 애인과 사이가 좋을까요?
⑤ 지금의 감정이 동경일까요? 사랑일까요?

이 질문에는 직장 운, 연애 운이 혼합되어 있습니다. 우선 순위를 먼저 결정해야 합니다. 질문자는 질문을 하고 있는 현재 연애와 직장 중 어느 쪽이 더 중요할까요? 직장이 더 중요합니다. 가장 마지막 문장. '혹시나 거절당하면 회사생활은 어찌해야 되는 걸까요' 가 핵심입니다. 정말 궁금한 것은 ⑤ 지금의 감정이 동경일까요? 사랑일까요? 가 될 것입니다. 나 정말 이 사람을 좋아하는 게 맞을까? 를 알아야 합니다. 그러나 현실적으로 정말 좋아한다고 해도 직장이 더 중요하다면 참아야 하고, 그냥 동경일 뿐이라면 이 질문은 그대로 접어도 좋습니다. 감정을 객관적으로 구분하는 것은 쉽지 않기 때문에 ① 고백해도 될까요? 를 질문하면 복합적인 대답을 얻을 수 있습니다. '된다' 는 답변이 카드에서 선택되었다면 당사자가 질문자를 귀엽게 봐서 자연스럽게 넘기거나, 상대방도 질문자를 좋아하는 상태일 것입니다. 안 된다는 답변이 카드에서 선택되었다면 당사자가 질문자를 대하는 태도가 바뀌게 될 것을 뜻하게 됩니다.

질문자의 마음은 질문자에게는 중요한 것이지만 상대방에게는 상대방의 마음이 가장 중요합니다. 따라서 상대방의 반응을 지켜보아야만 앞으로 어떻게 해야 할지 결정할 수 있습니다. 질문자가 호감을 가지고 있다고 해도 상대방이 호감을 가지고 있지 않다면 고백을 하나 마나가 될 테니까요. 그래서 상황을 종합적으로 알 수 있는 질문이 ① 고백해도 될까요? 가 되는 것입니다.

감정과 현실 중 어느 하나를 선택해야 하거나 감정과 현실이 떨어질 수 없는 상황일 때 질문은 현실을 중심으로 질문자의 판단을 도울 수 있어야 합니다. 질문자의 마음은 혼자의 것이지만 질문자의 행동은 여러 사람에게 영향을 끼치기 때문입니다.

불운

요즘 되는 일이 하나도 없어서 고민입니다. 왜 이렇게 꼬이는 걸까요? 지난 달에는 다니던 회사에서 잘리고, 다시 들어간 회사는 망하기 일보직전이고 전에 회사에서 해고예정수당을 받을 수 있을 줄 알았는데 사직서를 내서 해당이 안된답니다. 회사에서 권고사직으로 사직서를 쓰라고 해서 쓴 거거든요. 근데 그게 함정이었습니다. 지금이 제 인생 중에서 가장 힘들 때일까요. 더 어려운 일도 생기게 될까요? 저한텐 어떤 일이 잘 맞을까요? 9급 공무원시험 공부를 해볼까 생각중인데 시험에 붙을 운도 있을까요? 이렇게 꼬이는 중에도요?

① 지금이 제 인생에서 최악의 시기일까요?
② 저의 적성은 무엇일까요?
③ 공무원 시험에 붙을 수 있을까요?
④ 지금 회사가 앞으로 잘 버틸 수 있을까요?
⑤ 왜 이렇게 꼬이는 걸까요?

질문자의 현재 상황이 좋지 못합니다. 지속적으로 문제가 발생하고 있으며 불만이 쌓이고 있는 상태입니다. 주변이 나를 속이는 것 같고 인생의 바닥에 놓인 기분입니다. 가장 현실적인 질문은 ④ 지금 회사가 앞으로 잘 버틸 수 있을까요? 라고 볼 수 있지만 충분히 감정적이 되어 있는 질문자를 위해서 ⑤ 왜 이렇게 꼬이는 걸까요? 를 질문합시다.

회사의 상태가 불안하다는 것은 이미 질문자가 알고 있고 그것을 확인해 줄 필요는 없기 때문입니다. 지금 겪고 있는 일이야 그렇다 치고 왜 이렇게 꼬이는 지만 알 수 있다면 질문자의 기분은 나아질 것입니다. 나는

운이 없다.'는 생각을 가지고 있는 상태에서는 공무원시험도 칠 수 없으며
다른 적성을 찾으려는 시도 또한 쉽지 않기 때문에 가장 중요한 질문은 문
제의 가장 근본적인 원인을 파악하는 것입니다. 원인을 안 이후에 적성과,
공무원시험, 지금이 최악의 시기인지 아닌지 알 수 있기 때문입니다.

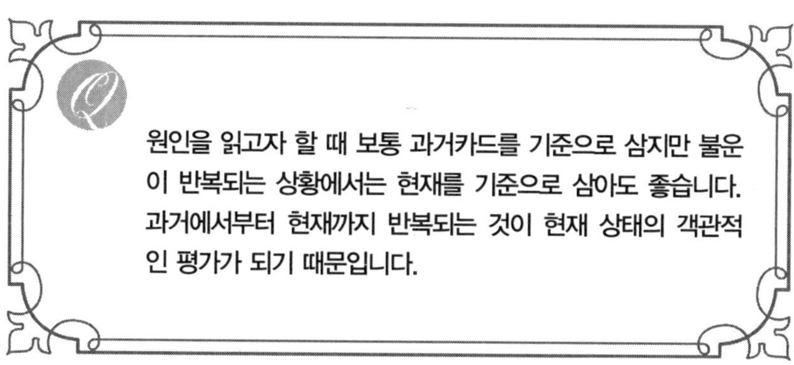
원인을 읽고자 할 때 보통 과거카드를 기준으로 삼지만 불운
이 반복되는 상황에서는 현재를 기준으로 삼아도 좋습니다.
과거에서부터 현재까지 반복되는 것이 현재 상태의 객관적
인 평가가 되기 때문입니다.

4수 째 대학입시

제게는 아들이 있습니다. 그런데 제 아들이 또 대학을 휴학하고 수능시험을 친다고 고시원에 다니고 있습니다. 공부도 열심히 하지 않으면서 벌써 4수 째 입니다. 그렇다고 대학에 못 들어간 것도 아니고 문과, 이과를 돌아다니면서 자퇴와 휴학을 반복하고 있습니다. 아들이 만족할 만한 진로는 도대체 무엇인지 궁금합니다.

① 이번이 아들의 마지막 입시인가요?
② 아들이 원하는 진로는 무엇인가요?
③ 아들이 대학을 옮기는 이유는 무엇인가요?
④ 이것이 아들의 최선일까요?
⑤ 무엇이 아들의 행동의 원인일까요?

질문자의 문제는 아들의 의도를 알 수 없다는 점입니다. 왜 같은 일을 반복하는지 질문자는 알지 못합니다. 그래서 계속 입시에 도전합니다. 알고 싶어 하는 것은 많습니다. 적성, 진로, 원하는 것이 무엇인가. 그 중에서 가장 중요한 것은 아들의 행동의 원인을 찾는 것입니다. ⑤ 무엇이 아들의 행동의 원인일까요? 가 가장 중요합니다.

사람의 행동에는 이유가 있기 때문입니다. 최선을 다하려고 노력하고 원하는 목표를 위해 한 번도 힘들다는 입시를 여러 번 반복하는 것은 아직 만족하지 못했기 때문입니다. 그런데 자신에 만족하지 못하는 것은 이유가 있습니다. 보통은 부모님의 기준이 높았기 때문입니다. 사촌이나 동창이 더 높은 대학에 가서 비교 당했을 수도 있습니다. 인생의 롤 모델을 발

견해서 자신이 하고 싶은 구체적인 꿈을 발견했을 수도 있습니다. 그중 어떤 것이 행동의 원인인지 알게 되면 마지막인지, 이유가 무엇인지 모두 알수 있게 됩니다. '왜'를 알게 되면 아들은 멈출 것입니다. 그렇게 되도록 부모님이 함께 노력해야 합니다.

문제의 해결책이 여러 가지 일 경우, 카드에 나타나는 해결책은 과거부터 미래까지 순서대로 나타납니다. 앞에서부터 하나씩 시도하면서 발전시켜 나가도록 조언합니다. 일반적으로는 가장 먼저 제안되는 것이 가장 쉬운 해결책입니다.

리더의 수준

마지막으로 질문은, 질문을 해석하는 리더의 수준에 맞아야 합니다. 라고 말씀드린 것은 무엇인지 짐작이 되시나요? 리더는 자기가 아는 것만 설명해야 할 의무가 있습니다. 모르는 것을 아는 척 말하다보면 읽기의 기준을 잃고 허우적대는 경우가 허다합니다. 그러다 보면 나중에는 질문과는 상관없는 내용을 읊조리게 되는 경우도 있습니다. 정말 좋지 않은 태도입니다.

타로카드 읽기는 그 과정을 통해 리더의 지식수준과 생활환경이 적나라하게 드러나는 경우가 많습니다. 책을 많이 읽지 않는 사람은 뜻에 맞는 격언이나 속담을 사용하지 못하며 신문을 읽지 않는 타로리더는 시사상식이 없는 것이 들통납니다. 더 나쁜 경우는 카드읽기를 하면서 자신의 복잡한 사생활을 늘어놓게 되는 것입니다. 아는 것이 없으면 시간을 때우기 위해 말을 늘어놓게 되고 이 과정에서 거짓말과 사생활이야기가 넘쳐나게 됩니다.

일반적으로 심리상담에서는 '공감'이라는 기법이 사용됩니다. 상담자가 내담자의 마음을 얻기 위해 사용하는 사탕 같은 것이라고 보면 됩니다. 상황을 말하는 것으로 내담자는 '해소'를 경험하게 되지만 그것이 충분하지 않은 경우 상담자와 내담자의 상담의 단계를 위해 '공감'의 기법들이 사용되는 것입니다.

이때 상담자가 내담자에게 자신의 개인적인 경험을 살짝 내보이게 되는데 지나치면 좋지 못하다는 내용은 상담이론서에서도 가득 찾아볼 수 있습니다. 상담을 위해 훈련된 전문 상담사의 경우에도 주의해야 하는 것이 '자신의 경험'을 드러내는 것입니다. 전문적으로 훈련받지 않은 경우 독이 될 가능성이 더 높습니다. **모르는 것을 꾸며 말하지 마세요. 질문은 더 쉽게 만드세요. 그리고 진심으로 카드에서 읽은 것만 말한다면** 리더는 점점 더 발전하게 될 것입니다. 이것이 이 책의 요점이고 이 책을 제가 쓰게 된 동기입니다.

 ## 내 질문에 필요한 카드는 몇 장일까?

　질문도 만들었고 어떻게 해석하는지도 배웠으니 카드를 선택하는 방법만 배우시면 되겠습니다. 여기서 질문 우리나라에서 가장 많이 사용되는 카드배열법은 무엇일까요? 땡! 우리나라에서 가장 많이 사용되는 카드배열법은 3카드입니다. 물론 우리나라에서 가장 유명한 카드배열법은 '켈틱크로스'입니다. 다른 나라에서도 켈틱크로스를 많이 사용하거나 혹은 유명한 리더가 이것에 대해서 책을 썼기 때문은 아닙니다. 십년 전만 해도 타로카드를 하는 사람은 많지 않았고 (우리나라 최초의 타로카드 이론서는 타로카드 길잡이이고 이것은 2001년 6월 출간되었다) 한 두 개의 동호회를 통해 전파된 지식은 현재도 굳어져 있습니다. 시작한 사람들의 기준이 그대로 적용되기에는 우리나라 타로카드의 역사는 올해로 9년입니다. 그러니까 앞으로 어떤 스프레드가 유행하게 될지는 누구도 알 수 없습니다. 다른 사람을 따라 할 필요 없이 스스로가 원하고 즐기는 스프레드를

사용하면 그것이 정답입니다.

다시 질문으로 돌아가서 질문에 몇 장이 필요한 지를 알아내려면 질문에 몇 가지 요소가 있는지 알아내야 합니다. 그럼 질문을 보면서 몇 개의 요소가 있는지 한번 찾아볼까요?

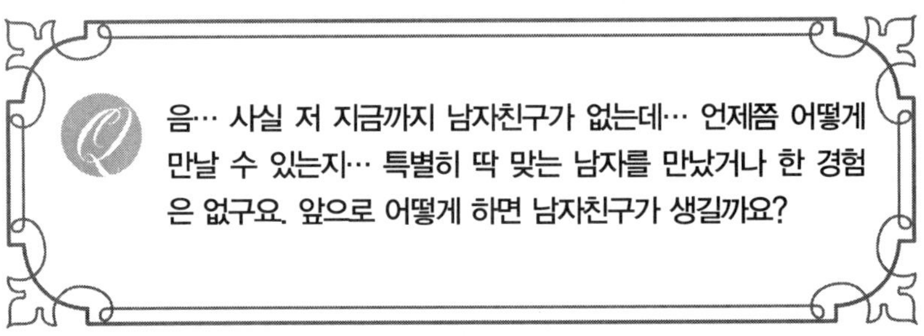

① 언제쯤 남자친구를 만날 수 있을까.
② 어떻게 해야 남자친구가 생길까.

한 가지 요소를 해석하는 데는 1장 또는 3장의 카드가 필요합니다. 1장으로 간단하게 읽어도 되지만 원인이나 현재 상태 등을 하나하나 가늠하기 위해서 3장 정도가 사용하기 편하기 때문에 3장을 사용하는 경우도 있습니다. 요소가 2개니까 2장 또는 6장을 사용할 수 있습니다. 물론 켈틱크로스를 사용해도 됩니다. 어떤 배열법은 여러 가지 요소를 읽을 수 있게 고안되어 있기 때문에 여러 번 카드를 읽지 않고 카드배열법의 특정 위치를 통해 질문에 대한 대답을 찾아낼 수도 있습니다. 안타깝게도 카드배열법을 미리 익혀두지 않았다면 질문의 요소의 숫자에 맞게 카드를 배열해 해석하면 됩니다.

이 경우에는 요소가 2개지만 3장으로 카드읽기가 가능합니다. 요소가 연속성을 가지고 있기 때문입니다. 질문을 바꿔 합쳐보겠습니다.

"현재 없는 남자친구가 어떻게 해야 빨리 생길까."

질문자가 원하고 있으니 가능한 빨리, 이루어져야 하는 소원입니다. 그러므로 시간은 '언제쯤'이 아니라 '가능한 빨리'가 됩니다.

3카드로 읽는다면 과거 또는 원인카드 1장. 현재 또는 무엇을 해야 하는가에 해당하는 행동카드 1장. 마지막으로 언제쯤 가능한가에 해당하는 미래카드 1장입니다. 여기서 또 질문을 하시는 분이 있습니다. 무엇을 해도 안 생길 수도 있지 않느냐는 질문입니다. 그러나 우리는 분명히 무엇을 해야 언제쯤 생길까 라고 질문했습니다. 즉 가능한 방법을 질문한 것입니다. 그래서 안 생기는 것은 해석에서 고려하지 않습니다. 가능성을 질문한 것이니까요.

통상적으로 메이저 아르카나 만을 사용할 때는 최대 7장. 마이너 아르카나 까지 사용할 때는 20장 내외까지 입니다. 이것은 확률의 문제 때문입니다. 22장 메이저 아르카나 중에 10장을 사용한다고 치면 실제로 3장 정도의 카드는 반복해서 출현하게 됩니다(실제로 섞어보세요. 22장만으로 켈틱 크로스를 정역 없이 3번 배열하면 특정카드들이 2번 이상 출현한 것을 확인할 수 있습니다). 그래서 읽기의 정확도를 떨어뜨립니다. 다양한 해석이 불가능해지기 때문입니다.

앞에서 카드배열법을 미리 익혀두지 않았다면, 이라는 전제를 보셨을 것입니다. 배열법 또는 스프레드가 '규칙'이라는 사실, 알고 계시지요?

배열법은 특정위치의 카드를 특정한 방법으로 읽는다는 규칙에서 시작됩니다. 규칙을 모르면 게임을 할 수 없습니다. 그래서 배열법은 모르면 사용해서는 안 됩니다.

> 남자친구랑 요즘 사이가 좀 별로에요. 막 그냥 남자친구는 이제 고3이구 전 대학생인데 새벽에 일을 하느라 그런가 연락도 잘 안 하구. 방학 끝날 때 까지만 참아달라고 하는데 그 자체가 힘들구요. 일해서 연락 안 되는 거 안 지는 얼마 안 됐어요. 그래서 그 전에 그거 가지구 계속 싸웠구 … 그러다가 잠깐 두 시간 헤어진 그때 알게 됐는데 … 그게 얼마 안 됐는데 미안하고 그래서 제가 더 잘 한다구 하구 잡았는데 그 뒤로 변한 게 눈에 띄게 막 보이구 그냥 문자 말투랑 그런 거 하나하나 원래 다 신경 쓰이잖아요. 힝힝 그냥 … 원래는 안 그랬는데 요즘엔 피곤하다는 핑계로 다 안 하려는 거 같아요. 만나지도 않으려고 그러는 거 같고 연락도 그냥 대충하고 그냥 변한 게 눈에 보이니깐 … 옛날처럼만 해줬음 좋겠고요. 그런데 눈 떴을 때 만이라도 저한테 좀 잘해주고 다정하게 해 줬으면 좋겠어요.

이 질문자를 위해서 타로카드를 통해 뭘 찾아내야 하는 걸까요?

↳ 왜 연락을 안 할까요?

↳ 왜 변했을 까요?

↳ 어떻게 하면 예전처럼 될 수 있을까요?

↳ 계속 싸우는 건 왜 일까요?

↳ 어떻게 하면 저한테 잘 해줄까요?

왜 연락을 안 할까? 의 해답은 나왔습니다. 남자친구가 밤에는 알바중이라네요. 그럼 밤에 알바를 하니까 연락하기가 쉽지는 않겠죠? **왜 변했**

을 까요? 의 답도 질문에 나와 있습니다. 질문자는 대학생이고 남자친구는 고3이라네요. 환경이 서로 다르니까 변할 수밖에 없는 상황입니다. 우리나라는 고3이 모든 것을 즐길 수 있는 입시제도와 환경이 아닙니다. 두 번째 질문에는 이게 답이 될 수 있습니다. **어떻게 하면 예전처럼 될 수 있을까요?** 드디어 질문할 요소를 하나 찾았습니다. 이것의 해답은 질문에 없습니다. **계속 싸우는 건 왜 일까요?**의 대답도 질문에 있습니다. 피곤하다는 핑계로 다 안하려고 하는 것 같다고 질문자가 말하고 있는데 상황을 보니 피곤할 만한 상황입니다. 고3이 알바까지 하고 있으니 그럴 만 합니다. 마지막 질문 **어떻게 하면 저한테 잘 해줄까요.** 두 번째 요소가 나왔는데 첫 번째 요소와 비교해 보겠습니다.

↘ 어떻게 하면 예전처럼 될 수 있을까요?
↘ 어떻게 하면 저한테 잘 해줄까요?

'예전처럼만 해주었으면 좋겠어요.' 라는 질문자의 질문내용으로 미루어 볼 때 예전에는 잘 해줬다는 뜻이니까 두 개의 요소 중 하나는 필요가 없어졌습니다. 과거에는 잘 해주었다고 질문자가 암시하고 있으니까 '어떻게 하면 저한테 잘 해줄까요? 를 제외합니다. 드디어 최종 질문입니다.

'어떻게 하면 예전처럼 될 수 있을까요? 가 남았습니다.

'무엇을 하면 됩니다.' 라고 간단하게 읽을 수 있는 좋은 질문이 되었습니다. 요소는 하나만 남았네요. 요소의 개수와 질문의 개수가 항상 일치하지는 않지만 질문의 내용에 몇 가지 요소가 있는가는 대부분 실제 해석해야 하는 질문의 개수와 일치하는 경우가 많습니다. 요소=질문의 개수인 것이지요. 그럼 이제 질문자의 질문에서 읽어내야 하는 것이 무엇인지 기준도 찾았습니다. **"무엇을 해야 하는가"**를 알아내면 되겠네요.

이렇게 요소를 찾아내면 질문자가 정말 원하는 것을 알아낼 수 있습니다. 여러 개가 나와도 하나 또는 둘로 압축할 수 있습니다. 우리가 세 장. 또는 여섯 장으로 충분히 모든 질문의 답을 찾아낼 수 있다는 뜻입니다. 심플하지요. 네, 타로카드는 이렇게 심플하고 우리가 할일은 정해져 있습니다.

우리가 해야 할 일은 언제나 질문자가 '원하는' 것을 듣고 '필요한' 것을 알려주어 '원하는 것' 이 '이루어지도록' 하는 것입니다.

카드의 뜻을 분해하기
― 큰뜻(Main Keyword)과 딸림 뜻(Sub Key word) 찾기

앞서서 '정확한 질문. 키워드의 선택. 문장의 조합' 의 타로카드 읽기의 기본 조건이라고 설명한 바 있습니다. 정확한 질문에 대해서는 앞에서 설명드렸으니 이번에는 키워드의 선택의 차례입니다. '무엇을 해야 하는가' 를 알아내려면 그 '무엇' 을 정확히 알아낼 수 있어야 하니까요.

대부분의 카드들은 한 카드에 수 십 개의 키워드를 가지고 있습니다. 이유는 간단합니다. 여러 가지 상황에 맞는 대답이 되기 위해서 그렇게 만들어진 것입니다. 그런데 오히려 너무 많은 키워드들 때문에 그중에서 무엇을 골라야 할 지 알 수 없는 질문자가 괴로워하기도 합니다.

이때 키워드를 고르는 기준이 되는 것이 큰 뜻(Main Keyword)입니다. 큰 뜻은 카드의 모든 뜻을 포괄적으로 가지고 있는 한 개~두 개의 단어를 뜻합니다. 키워드가 여러 가지인 이유는 이 큰 뜻을 보고 **딸림 뜻(Sub Key Word)**을 유추할 수 있는 사람이 많지 않기 때문입니다. 그래서 큰 뜻을 보조하는 수십 개의 단어를 함께 적어두는 것입니다. 카드가 여러 가지 뜻을 가진 것이 아니라 뜻은 하나이나 쉽게 사용할 수 있도록 여러 가지 사용의 예문을 적어둔 것이라고 보면 되겠습니다. 타로카드 하면 떠오르는 다섯 장의 카드의 여러 가지 뜻을 예로 살펴보겠습니다.

〈연인들 – 죽음 – 매달린 – 남자 – 탑 – 악마〉

모든 연인들이 연애 점에서 나오길 원한다는 선망의 카드 연인들(6. The Lovers)이나 낫을 든 저승사자를 떠올리는 죽음(13. Death). 불행의 전조곡이라는 탑(16. The Tower)과 뿔 달린 악마가 그려진 악마(15. The Devil) 거꾸로 매달린 남자(12. The Hanged Man)는 잘 알려진 카드들입니다.

이 카드들은 뜻을 정확히는 몰라도 짐작할 수 있을 정도로 강렬한 이미지를 담고 있기 때문에 드라마나 영화에서 자주 사용되어 왔습니다. 타로카드를 모르는 사람도 TV나 영화에서 연인들 카드가 나온다면 '새로운 연인이 생기다.' 라고 해석하거나 '현재의 연인이 운명의 그 사람.' 이라거나 그것도 아니면 '결혼하다.' 로 미루어 짐작합니다.

세계적인 스릴러작가인 제프리 디버는 '열두 번째 타로카드' 라는 작품에서 매달린 남자를 범인이 남겨놓는 카드로 선택합니다. 범인은 말합니다. "그냥 무서워 보이잖아요." 작품 속에서 범인은 타로카드를 아는 사람이 아니지만 매달린 남자를 다른 사람에게 '경고' 의 의미로 사용합니다. 이처럼 몇몇의 타로카드는 사람들에게 널리 알려져 있어 보편적인 뜻을 가지게 되었습니다. 대부분은 메이저 아르카나(Major Arcana)들인데 이유는 간단합니다. 대부분의 타로카드들이 마이너(Minor)보다는 메이저가 아름답기 때문입니다. 사람들은 화려한 그림들을 볼 때 좀 더 많이 주목하고, 더 많이 느끼기 때문이지요. 자 그럼 이 유명한 카드들의 큰 뜻은 무엇일까요? 먼저 연인들 카드를 살펴봅시다.

6. The Lovers

정-매력에 끌리다(혹은 매혹당하다), 사랑(자비 또는 경애 가끔은 큐피트 자체를 'Love'로 표현하거나 귀여운 사람은 'Love'라고 부르기도 한다, 아름다움(美), 시험을 이기다(고난을 이기다)

역-실패(불충분), 어리석은 계획(바보 같은 시도, 하찮은 계획), 끝을 알 수 없는 기다림.

연인들 카드의 큰 뜻은 당연하게도 '사랑'입니다. 그런데 이 사랑이라는 단어의 딸림 뜻(큰 뜻을 뒷받침하는 여러 가지 뜻)에는 일반적으로 예상하지 못할 단어들도 있습니다. 이 딸림 뜻을 질문에 따라서 나눠보겠습니다.

-언제쯤 소식이 올까요?
Lovers 정: 시험을 이기다
Lovers 역: 끝을 알 수 없는 기다림.

언제쯤 소식이 올지 궁금한 때에 Lovers카드가 나왔다면 빠른 소식에 대해서는 포기하는 편이 좋겠습니다. 정방향의 '시험을 이기다.'만 보더라도 '기다림이라는 시험을 이기다.' 또는 '기다림이라는 고난을 이기다.'로 해석할 수 있고 역방향은 '끝을 알 수 없는 기다림'이기 때문입니다. 같은 딸림 뜻이 선택되지만 질문이 달라지면 해석을 긍정적으로 할 수 있습니다. 시험에 관련된 질문이 바로 그것입니다.

-시험결과가 어떨까요?
Lovers 정: 시험을 이기다.
Lovers 역: 바보 같은 시도.

시험결과에 관한 카드에서 Lovers는 정방향일 때 통과하다, 역방향 일 때 안 하느니만 못한 시도가 됩니다. 정방향일 때도 커트라인을 통과하긴 하겠지만 결과가 우수하진 않을 것입니다.

-그 사람은 나를 사랑할까요?
Lovers 정: 매혹당하다.
Lovers 역: 끝을 알 수 없는 기다림.

사랑과 관련된 카드에서 Lovers는 정방향 때 사랑에 빠진 상황을, 역방향일 때 짝사랑으로 기다림의 연속이 될 상황을 뜻하게 됩니다. (보통 Lovers 카드를 연애 운에서 가장 좋은 카드라고 생각하지만 사실 Lovers 카드는 완성된 연인을 뜻하는 것이 아니기 때문에 제일 좋은 것은 큰 뜻으로 '합치다'의 뜻을 가진 2Cups입니다. 정말로 결혼을 뜻하는 카드이기 때문입니다.)

어떤가요, 생각했던 것과는 조금 다릅니다. 사랑은 동사입니다. 동사는 주체가 누구냐에 따라서 달라지는 말입니다. 사랑과 관련된 질문을 한다는 자체가 내가 상대방을 사랑한다는 뜻이니 주도권을 상실했다는 뜻이 되는 것입니다. 생각보다 좋은 뜻은 아니지요?

그럼 13일의 금요일 13번 죽음 카드는 어떨까요. 한번 살펴봅시다.

13. Death
정 – 끝(종료), 죽음을 면할 수 없는 운명, 파괴(살인, 멸망), 타락
(퇴폐, 부패)
역-타성(관성, 또는 무력증), 잠자다(죽은 상태), 기면병(혼수상태
또는 무감각상태), 망연자실(석화[石花], 화석), 몽유병

죽음 카드의 큰 뜻은 예상대로 '죽음(끝)' 입니다. 나머지 딸림 뜻들은 끝
으로 향할 수밖에 없는 이유들을 담고 있습니다. 연인들 카드에서처럼 딸
림 뜻이 부연설명의 역할을 충실히 하고 있다는 것을 확인할 수 있습니다.

– 언제쯤 소식이 올까요?
Death 정: 끝
Death 역: 타성(관성, 또는 무력증)

소식이 궁금할 때 죽음 카드가 나왔다면 해석에 있어서는 이미 결과가
나왔다고 볼 수 있습니다. 역방향이라면 기다리다 지쳐 이제 결과 따윈 관
심 없는 상태라고 해석해도 좋을 것입니다. 그래서 기다리는 소식에 대한
질문이고 정방향이라면 기다림의 시간이 끝났으니 '곧 소식이 올 것이다.'
라고 해석하게 되고 역방향이라고 본다면 기다리다 지쳐 '관심도 없는 거
라면 신경 끄고 다른 일이나 해라.' 하고 해석할 수 있는 것입니다.

- 시험결과가 어떨까요?
Death 정: 죽음을 면할 수 없는 운명,
Death 역: 망연자실

시험결과에 관한 카드에서 Death는 정방향일 때 피할 수 없는 시험의 결과는 운명대로 정해져 있다는 뜻이고 역방향일 때는 '망연자실 할 것이다' 라고 해석할 수 있으니 결과가 예상보다 더 나쁠 것임을 상징하게 됩니다. 운명대로 정해져 있다는 뜻은 노력만큼 또는 그보다 못할 것이라는 뜻이지 '노력과는 상관없이 운이 좋다' 의 뜻이 될 수는 없습니다. 부정적입니다. 그렇다고 이 카드가 노력은 했는데 '안타깝게도 좋은 결과를 보지 못하다' 의 카드는 아니기 때문에 처음부터 노력이 부족했을 때 나타나는 카드라고 보아야겠습니다.

- 그 사람은 나를 사랑할까요?
Death 정: 끝(종료)
Death 역: 잠자다(죽은 상태)

상대방의 의사를 묻는 질문 '그 사람은 나를 사랑하는가.' 에서 죽음 카드가 나왔다면 질문에 해당하는 상대방은 이미 '죽었다' 즉 이미 '사랑에 빠졌다.' 로 해석할 수 있게 됩니다. 다른 키워드들을 딸림 뜻으로 붙여 부연설명하면 어차피 운명이고 상대방은 자기 자신을 파괴하고 희생할 것이고 타락하게 될 것이라는 뜻이니까요. 간단하게 극단적으로 사랑에 빠졌다는 뜻이 됩니다. 오히려 연인들 카드 보다 강렬한 뜻이 됩니다. 그런데 역방향은 다릅니다. '그는 죽은 상태처럼 감정이 없다.' 는 뜻이니 오래된 관계라면 사랑이 식었다라고 해석하게 되고 새로 만난 사이라면 사랑의 감정을 느낄 수 없는 상태(죽음)라고 해석하게 됩니다. 정역이 완전히 다른 해석인 것이지요. - 물론 '끝'을 고민은 끝났다라고 깔끔하게 해석할 수도 있고 역방향을 '사랑은 잠자는 중'이라고 시적으로 해석할 수도 있습니다.

죽음 카드가 '그 사람은 나를 사랑할까요?'에서 사랑을 그것도 강렬한 사랑의 뜻이라니 신기하지요. 이처럼 통상적인 생각과 실제 뜻이 다른 경우들이 있습니다. 카드마다 제작자의 견해가 들어가 계량되기 때문이기도 하고 타로카드가 중세에 만들어졌기 때문에 현대인들이 직감적으로 해석하면 그림의 느낌을 그때와는 다른 방식으로 받아들이기 때문이기도 합니다. 그래서 카드의 매뉴얼을 통해 제작자의 견해를 먼저 살펴보아야 하는 것입니다.

한 장 더 살펴봅시다. 이번에는 12번 매달린 남자입니다.

12. The Hanged Man

정: 지혜(현명함 또는 그 근본인 학문이나 지식), 세심한 주의(신중하다 때로는 용의주도), 통찰력(인식), 시련(고난 때로는 스스로 선택한 고난이나 시련을 이겨내야 하는 시기를 의미하기도 한다), 희생('십자가에 못 박힘' 또는 산 제물이나 기도), 직관, 예언(점)

역: 이기주의, 대중(군중 또는 국민), 국가(우리나라같이 정치방식을 한 가지만 선택한 국가)

매달린 남자 카드는 이것은 예수를 고발하고 거꾸로 매달린 가룻 유다와 자신의 희생을 통해 룬 문자를 세상에 전파한 북유럽 최고의 신 오딘의

카드입니다. 앞에 주어진 시련과 그것을 극복하는 자세를 통해 결과를 얻
는다는 인내를 요구하는 미래지향적인 카드이지요. 행동을 요구하고 그에
따라 결과가 달라진다는 암시는 단정적인 대답이 될 수 없기 때문에 키워
드를 잘 나누어 놓지 않으면 해석하기 힘든 카드입니다. 역시나 다른 카드
와 같은 질문을 해봅시다.

  – 언제쯤 소식이 올까요?
  Hanged Man 정: 시련(고난 때로는 스스로 선택한 고난이나 시련을 이
겨내야 하는 시기를 의미하기도 한다)
  Hanged Man 역: 이기주의

기다리는 소식이 있다면 매달린 남자는 반가운 카드가 아닙니다. 정방
향일 때 '기다려라' 역방향일 때도 내 소식만 기다리는 것은 이기적인 생
각이다. 즉, 주변상황이 좋지 않다는 뜻이기 때문입니다.

매달린 남자 카드는 그 자체로 기다림이란 뜻입니다. 이 카드는 깨달음
의 때를 위해 스스로 매달린 오딘의 카드이기 때문입니다. 기다림이란 뜻
은 지금은 할 일이 아무것도 없다는 뜻이기도 합니다. 매달린 남자 카드의
남자는 자유롭게 활동하는 형상이 아니기 때문입니다.

  – 시험결과가 어떨까요?
  Hanged Man 정: 지혜
  Hanged Man 역: 대중(군중 또는 국민)

정방향의 이 카드는 지혜를 상징하고 지혜는 학문과 지식을 의미하기
때문에 시험의 결과가 좋을 것임을 뜻합니다. 반대로 역방향일 때는 대중

을 뜻하기 때문에 평균적인 성적을 뜻하게 됩니다.

이 카드가 거꾸로 매달려 깨달음을 얻는 카드이기 때문에 그것을 뒤집게 되면 제대로 서있는 평범한 사람이 되기 때문에 뒤집힌 카드는 평범한 인간을 뜻하게 됩니다.

– 그 사람은 나를 사랑할까요?
Hanged Man 정: 희생
Hanged Man 역: 이기주의

매달린 남자 카드는 질문자가 상대방을 사랑하고 있으며 희생적인 마음으로 관계에 임해야 함을 말하고 있습니다. 반대로 역방향의 경우 지금 사랑에 관해 논하는 것이 이기적인 생각임을 말합니다.

이것은 질문을 한 질문자가 상대방을 만난지 얼마 되지 않았거나. 상대방이 문젯거리를 안고 있을 때를 뜻합니다. 베풀어야 사랑으로 돌려받을 수 있다는 뜻이 됩니다.

15. The Devil

정 : 파괴(황폐), 폭력(폭행, 강간), 격렬함(격정), 이상한(비범한, 비상한), 노력(수고, 그로 인한 성과), 힘(으로 행사하는 폭력이나 무력), 재난(참사 등의 불운), 운명 그러나 이것은 악마로 인한 것이 아니다.

역 : 악마의 영향(불길한 운명, 불운한 재난), 약함(가냘픔, 우유부단 등의 약점), 하찮음, 무지함(맹목적임, 무분별함).

15번 악마카드의 큰 뜻은 '격렬함' 입니다. 작은 뜻은 격렬함에 따르는 것들로 역방향은 격렬함에 영향을 받는 상대방을 뜻하게 됩니다. 평범하고 표준적이지 않은 것 이상의 것, 이상하고, 파괴적이며, 힘을 가진 것. 이것이 악마카드입니다.

– 언제쯤 소식이 올까요?
Devil 정: 재난
Devil 역: 악마의 영향

소식과 관련된 질문에서 악마카드는 나쁜 소식이거나 소식이 전달되는 시기가 지연될 것임을 말합니다. 방해자가 있다는 뜻이 됩니다.

정방향일 때는 나쁜 소식. 역방향일 때는 방해자의 영향으로 소식이 (또는 결과가) 전달되지 않았다는 뜻이기 때문에 이 경우에는 질문자가 정보망을 가동해 결과를 신속히 파악해야 한다는 뜻이 됩니다.

– 시험결과가 어떨까요?
Devil 정: 이상한(비범한, 비상한)
Devil 역: 무지함

악마카드가 질문자 자신을 뜻할 때 악마는 능력을 가진 사람을 뜻하게 됩니다. 반대로 역방향일 때는 악마의 영향을 받는 연약한 존재를 뜻하게 됩니다.

그래서 정방향의 악마카드는 이상하게도 (질문자의 객관적인 능력보다) 좋은 성적이 나타날 것임을, 질문자는 비범한 사람임을 뜻하며 역방향일 때 무지함(등의 약점)을 뜻하기 때문에 성적과 관련된 부분이 질문자의 약점임을 뜻하게 되므로 성적이 좋지 못할 것임을 말하게 됩니다.

－ 그 사람은 나를 사랑할까요?
Devil 정: 운명 그러나 악마로 인한 것이 아니다.
Devil 역: 무지함(맹목적임)

　정방향일 때 힘을 가진 것이 질문자 자신이므로 질문자가 상대방이 자신을 사랑하도록 운명을 개척하고 있다고 해석될 수 있습니다. 반대로 역방향일 때 질문자가 무지하여 맹목적으로 상대방을 사랑하고 있음을 말하므로 부정적으로 해석되어 상대방의 의지와는 상관없이 질문자가 맹목적으로 사랑하고 있음으로 해석될 수 있습니다.

16. The Tower.

정 : 정신적 고통(괴로움, 비탄, 비참함 때로는 불행이나 고난), 고뇌(빈곤, 재난), 불운(역경), 불행(재난), 치욕(망신), 속임(기만, 사기 등에 현혹되다), 파멸(폐허, 멸망).

역 : 어떤 사람들은 정 방향의 뜻을 약간 약하게 해석하라고 말하기도 한다. 대부분은 압제, 감금, 정치적 횡포.(때로는 주도권을 가진 사람이 권력을 남용하다.)

　탑 카드는 '무너지는 탑'과 '탑'의 두 가지로 불립니다. 탑은 라푼젤의 탑과 바스티유감옥 같은 감옥을 상징하고 무너지는 탑은 바벨탑을 상징합니다. 따라서 모두 고통의 시기를 상징하기 때문에 탑의 큰 뜻은 '고통

'입니다.

- 언제쯤 소식이 올까요?
Tower 정: 불운
Tower 역: 정치적 횡포

정방향과 역방향 모두 질문자에게 불리한 입장을 의미합니다. 소식이 도착하더라도 좋은 소식은 아닐 것이며 질문자를 방해하는 세력에 의해 희생양이 될 수 있음을, 또는 희생양이 될 것임을 의미합니다. 정식적인 통보가 질문자에게만 도달하지 않았거나 때가 되어 도달하더라도 좋지 못한 소식이 될 것입니다.

-시험결과가 어떨까요?
Tower 정: 치욕
Tower 역: 정치적 횡포

정방향일 때 망신스러운 결과를 역방향일 때 심판관이 질문자에게 특별히 부정적으로 작용했음을 의미하게 됩니다. 불공평한 경쟁이었던 셈입니다. 이것은 질문자의 능력과는 별개의 문제로 좋지 못한 결과에 대한 면책 사유를 던져주는 카드입니다. '당신의 잘못만은 아니니 운이 좋지 못했다고 생각하라' 고 말해줄 수 있습니다.

종합적으로는 예상보다 좋지 못한 결과를, 정방향의 경우 질문자가 섣불리 결과를 낙관해 주변에 뽐냈을 경우의 망신스러운 상황을 의미 할 수 있습니다.

- 그 사람은 나를 사랑할까요?
Tower 정: 정신적 고통
Tower 역: 압제

이 카드는 정방향일 때 사랑에 빠진 질문자에 대한 경고를 역방향일 때 소유욕을 가진 남자를 상징합니다. 정방향의 경우 사랑받으나 사랑으로 인해 수많은 고통을 겪을 것임을, 역방향의 경우 사랑이라는 이름으로 질문자의 자유가 억압당할 것임을 말합니다.

〈여기까지의 키워드는 『타로카드 이지라이더』에서 가져왔습니다〉

이렇게 큰 뜻은 한 카드를 대표하는 단어를 말하는 것으로 『타로카드 에띨라』같은 일부카드는 특별한 이유를 가지고 처음부터 이 큰 뜻만을 적어두기도 합니다. 큰 뜻은 카드의 포괄적인 뜻을 보여줍니다. 이것을 기준으로 우리는 뜻을 읽어낼 수 있습니다. 딸림 뜻을 충분히 유추할 수 있기 때문입니다.

특별히 카드에 따라서는 큰 뜻이 하나가 아니라 두 개 이상인 경우도 있습니다. 이것은 카드가 발전되고 알려지던 중세에 타로카드의 몇몇 카드가 트럼프와 발달과정을 함께하고 있기 때문입니다. 이후 뜻이 정리되고 발전되는 과정에서 카드의 큰 뜻들은 간편하게 정리되었지만 일부 카드는 당시의 중의적인 뜻을 그대로 받아들이고 있기도 합니다. 트럼프의 조커(Joker), 그리고 그 영향을 받고 변화한 바보(O. The Fool)와 마법사(1. The Magician)의 카드입니다. 조커의 영향은 이 두 개의 카드로 전달되었는데 바보 카드의 키워드 중 하나인 '종잡을 수 없는, 미친 것 같은'과 마법사 카드의 '재간꾼'이 그것입니다. 조커는 외향적으로는 바보카드와 의미상으로는 마법사 카드에 많은 영향을 주었습니다. 그래서 때때로 일부

카드에서는 바보와 마법사 카드의 큰 뜻이 두 개 이상인 경우를 발견할 수 있습니다. 한 장의 카드의 영향을 받은 두 장의 카드이기 때문에 본뜻에 겹쳐진 또 다른 뜻이 존재할 수 있는 것입니다.

현대에 와서는 하나의 큰 뜻을 사용하기 위해 잘 사용되지 않는 뜻이 퇴화시키는 경우가 있습니다. 예를 들면 원래 별(17. The Star)은 '손실'의 의미를 가지고 있으나 사람들이 손실 후의 '희망'에 더 많이 집중하였기 때문에 손실은 잘 읽히지 않는 뜻이 되었습니다.

지금까지 큰 뜻에 대해서 많은 이야기를 하였는데 그럼 작은 뜻에 대해서도 이야기를 해 보겠습니다. 큰 뜻 하나만을 가지고 해석할 수 있는데 왜 작은 뜻이 필요할까요? 바로 상징의 해석이 사람마다 다를 수 있기 때문입니다.

예를 들어 붉은색은 경고의 상징입니다. 그런데 중국에서는 붉은색이 기쁨의 상징입니다. 결혼식의 신부가 붉은 색의 옷을 입고 한 해의 복을 기원하며 당집의 토속 신에게 붉은 옷을 해 입히지요. 단어도 마찬가지입니다. 어떤 뜻을 가진 단어는 일부 사람들에게는 부정적으로 느껴지지만 그 반대로 어떤 사람들에게는 긍정적으로 느껴지기도 합니다. 집이 없는

사람들에게는 '상승' 이라는 키워드가 집값 상승이나 땅값 상승, 물가 상
승으로 느껴져 부정적일 수 있습니다.

그러나 주식투자를 하는 사람에게 '상승' 이란 행운입니다. 같은 상징도
여러 가지로 해석될 수 있기 때문에 여러 가지 해석의 예문을 제시하는 역
할을 딸림 뜻이 해내는 것입니다.

여기서 보면 주식 상승은 좋은 뜻이지만 물가 상승은 나쁜 뜻이지요?
딸림 뜻이 질문에 따라 해석이 달라지는 대표적인 사례입니다.

짚고 넘어가 봅시다. 붉은색이 큰 뜻이라고 본다면 이에 부속되는 딸림
뜻은 무엇이 있을까요? 활력, 피, 태양, 땅, 정열, 사랑, 정복 등이 있고 이
것이 중국타로라면 '결혼' 이 포함될 것입니다. 이처럼 딸림 뜻은 큰 뜻을
보면 유추할 수 있는 것들이지만 반대로 일부의 딸림 뜻만 본다면 큰 뜻의
의미를 예측하기란 쉽지 않습니다. 그래서 '딸림 뜻' 이라고 부르는 것입
니다.

딸림 뜻은 큰 뜻을 보조하는 것 이외에도 해석을 쉽게 하는 기능을 가지
고 있습니다. 문제는 해석에 필요한 딸림 뜻을 골라내는 것도 쉬운 일은
아닙니다. 연습이 필요하지요. 타로카드의 해석이 어려운 이유가 여기에
있습니다. 원리를 생각하면 간단합니다.

뜻(Keyword)은 질문과 가장 어울리는 대답이어야 합니다.
뜻(Keyword)은 시간에 따라 배열됩니다.
뜻(Keyword)은 배열을 사용할 때 위치에 걸맞아야 합니다.

가장 먼저 많은 뜻 중에서 질문에 어울리는 대답을 고릅니다. '언제쯤 애인이 생길까?' 라는 연애 점에 '부를 얻다.' 라는 대답은 부연설명 할 수 있지만 썩 어울리는 것은 아닙니다. 그러니 제외합니다. 언제쯤 애인이 생길까 라고 질문했는데 '조만간 헤어질 것이다.' 라는 대답이라면 현재의 시간과 맞지 않습니다. '생기지 않는다.' 거나 '오래 걸릴 것이다.' '조금만 기다리면 된다.' 등이 현재의 시간과 어울리는 대답이 될 것입니다. 이렇게 처음에는 어울리지 않는 것을 제외하고 다음으로 가장 어울리는 것을 고르는 것입니다. 간단하게 설명한다면 '포인트는 말이 되는 것을 고른다.' 가 됩니다.

배열에 걸맞아야 한다는 뜻은 '과거' 의 위치에 '미래에는 좋은 일이 있을 것이다.' 라는 뜻을 선택할 수는 없다는 뜻입니다. 배열은 각각의 위치에 따라 정해진 의미가 있습니다. 골라진 뜻은 그 위치가 말이 되도록 설명해 줄 수 있어야 합니다.

〈시간, 장소, 상황, 때에 맞는 것이 제대로 골라진 키워드입니다〉

키워드 얘기가 끝났으니 카드들을 살펴보고 본격적인 해석에 들어가기 전에 미리 알아둘 것이 있습니다. 78장의 카드 중 반수 이상이 단정적이지 않은 암시의 카드들입니다. 그런데 네, 아니오, 를 찾아내지 못하면 당신은 질문에 대답을 할 수가 없습니다. 위로를 드리자면 모든 타로카드 리더들이

"3일 오후 5시 당신은 검은머리의 키가 180이 넘는 멋진 남자를 만나 사랑에 빠질 것입니다."라고 카드를 해석해 줄 수 없는 것에 안타까워합니다. 리더들이 원하는 것도 질문자가 원하는 것도 이런 것이기 때문입니다. 이렇게 해석해 줄 수는 없지만 그래도 듣고 이해할 수 있는 수준의 문장을

찾아내기 위해서 우리는 소설가 스티븐 킹이 너무나 싫어하는 '부사'의 늪과 같이 우리는 '암시'의 늪에서 허우적대지 않도록 조심해서 중립적인 표현을 긍정과 부정, 어느 한 쪽으로 밀어붙여 해석을 끝내야 합니다. 털끝 하나라도 찾아내 50:50을 49:51로 바꾸는 것이 타로카드 리더가 가져야 하는 능력입니다.

　질문자를 '어쩌면, 가능성이 있을 수도 있지만 아닐 수도 있어서 준비해야하며 준비가 충분하지 않으면 가능성은 줄어들지만 노력한다면 조금 더 가능성을 높이게 될 수도 있습니다. 그래서 당신의 행운의 여신이 머리 위에 있지는 않지만 별은 움직이는 것이니 결과 또한 점점 좋은 쪽으로 움직이게 될 수 있습니다.' 같은 주어를 알 수 없는 부사의 늪에 빠뜨린다면 당신은 좋은 카드리더도 아니고 좋은 조언자도 아닙니다. 위의 말을 요점정리하면 **"나도 모르고 당신도 미래는 알 수 없습니다."**와 같기 때문입니다. 재미도 없고 시간낭비입니다. 뭘 어쩌라는 건지 말하는 사람도 듣는 사람도 이해할 수 없는 구시렁거림은 그만합시다.

어떻게 해석해?

  해석(Reading)은 카드를 통해 질문에 합당한 대답을 얻는 과정입니다. 크게 두 가지 방법이 있습니다. 연습용의 해석은 해석의 기술을 높이기 위해 전제조건을 모두 타로카드에서 얻습니다. '언제, 어디서, 누가, 어떻게, 무엇을'의 여섯 가지 조건을 타로카드에서 찾아내는 연습을 하는 것입니다. 실제의 해석은 이 여섯 가지 조건을 질문에서 얻습니다. 물론 해석도 많이 다릅니다. 연애 점으로 예를 들어 보겠습니다.

나는 언제 어디서 어떤 사람을 어떤 식으로 만나 어떤 사랑을 하게 될까요?

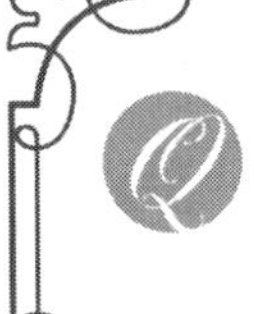

〈실제 질문〉
제가 나이가 서른이나 되었는데 애인이 없어요. 물론 얼마 전에 헤어지긴 했는데 지금 애인이 없거든요? 제가 생일이 9월인데 연말까지도 제가 애인이 없을까요?

  여섯 가지 조건에 맞춰 바꿔 봅니다.
  나는 삼 십대의 얼마 전에 실연당한 여성입니다. 나는 3개월 안에 새로운 사람을 만나 새로운 연애를 시작할 수 있을까요?

  연습용의 질문이 더 복잡한 건 당연합니다. 연습이니까요. 실제로는 쓰이지 않기 때문에 복잡해도 문제가 되지 않습니다. 연습할 때 복잡하게 해

두어야 실전의 간단한 질문이 쉬워지기 마련입니다.

연습용의 질문이 상세해야 하는 이유는 앞에서 설명한 것처럼 대답을 고르기 위한 조건이 질문에 모두 들어있기 때문입니다. 맞추기는 연습에 서면 충분합니다. 이 책을 읽고 있는 대부분의 독자들은 점집을 차릴 것이 아니니 능력을 보이기 위해 무리할 필요는 없습니다. 게다가 질문자는 연습이 아니라면 알고 있는 것들을 타로카드에서 재확인할 필요는 없습니다. 확인하지 않아도 알고 있는 것들이니까요.

연습용 질문의 경우, 질문은 상세하게 해석은 간단하게 해야 합니다.

# 한 장 읽기

– 원 카드 리딩 (One Card Reading)의 경우 대답은 세 가지로 함축 되어야 합니다.

↳ 그렇다 (Yes)

↳ 아니다 (No)

↳ 어쩌면 가능할 수도 아닐 수도 있다 (Maybe)

〈한 장 읽기의 해석은 그렇다, 아니다, 어쩌면 가능할 수도 아닐 수도 있다. 중 하나로 압축될 수 있습니다. 〉

이 세 가지 선택 유형은 질문에 따라 달라지기 때문에 처음부터 매뉴얼을 읽고 큰 뜻과 작은 뜻을 고려하여 표를 만들어 두어야 합니다. 중립에 해당하는 카드가 나왔을 경우 흔히 한 장이나 두 장을 더 선택하여 해석을 하는데 이렇게 버릇을 들이게 되면 한 장 읽기의 방법을 확실하게 터득하기 힘듭니다. 질문자와 카드리더가 다른 경우는 어쩔 수 없지만 혼자서 질문하고 읽는 연습을 할 때에는 한 장 만으로 확실히 읽을 수 있도록 연습해야 합니다.

〈한 장 읽기는 다른 카드를 덧붙이지 않고 한 장 만으로 읽어낼 수 있어야 한다.〉

여러 장의 카드를 읽을 때에는 카드가 나타내고 있는 상황의 '시점'이 중요합니다. 사건이 이미 과거에 지나간 것인지 앞으로 다가 올 일인지는 해석의 기준이 될 수 있기 때문입니다. 그러나 앞에서 언급된 것처럼 일반적인 해석에서는 그 기준이 모두 '질문'에 들어있어야 합니다. 질문에 들어있지 않은 내용은 읽지 않는 것이 당연합니다.

〈질문과 직접적인 관련이 없는 내용은 보이더라도 읽지 않습니다.〉

주의사항을 들었으니 해석을 한번 해 볼까요?

초등학교 동창생이 십년 만에 전화를 해 왔습니다. 얘, 나한테 마음이 있는 걸까요?
　↳ 마음이 있다 Yes
　↳ 마음이 없다 No
　↳ 딴 마음이 있다 Maybe

해석의 분류는 이렇게 세 가지가 되겠습니다. 어쩌면 (Maybe)는 중립적인 의견이면서 또 다른 가능성을 제시하는 카드가 됩니다. 어쩌면, 에 해당하는 카드는 질문자가 생각하지 못한 문제의 이면을 드러내게 하는 카드입니다.

〈어쩌면(Maybe)에 해당하는 카드는 때때로 문제의 이면을 드러내는 역할을 합니다. 딴 마음이 있다는 '좋아한다.' 이 외의 마음이 있다는 것을 말합니다.〉

현실적으로 십 년 만에 동창생이 연락을 했는데 딴 마음이 있다. 에 해당하는 일은 어떤 것이 있을까요?

① 다단계 조직, 종교의 사원이다.
② 누군가에게 연락을 하려고 그 연결책으로 연락을 해 온 것이다.
③ 돈을 꾸러왔다.
④ 보험, 정수기, 다단계 등의 판매 사원이다.

항상 이렇게 안 좋은 결과로 끝나는 것은 아니지만 의외의 만남이란, 예상 외의 결과를 만나는 경우가 많습니다. 해석에 있어서도 이 점은 반영되어야 합니다.

'그는 나를 사랑할까요?' 에 대답은 어떤지 살펴봅시다.

> Maybe에 해당하는 경우 일부는 질문이 틀렸다는 뜻이 될 수도 있습니다. 질문은 가장 중요한 선결과제(제일 빨리 해결해야 하는 일)여야 하는데 아닌 경우 이렇게 애매한 대답이 선택될 수 있습니다.

며칠 전 친구의 소개로 한 남자를 만났습니다. 연락이 오지 않는데 먼저 연락을 하려니 상대방의 마음이 궁금합니다.

↳ 마음이 있다 Yes
↳ 마음이 없다 No
↳ 동생처럼, 또는 자신의 누이처럼 생각한다 Maybe

관계는 보통 마음이 있거나. 마음이 없거나 두 가지 중 하나입니다. 그런데 의외의 경우도 존재합니다. 동생이랑 닮았거나, 상대방을 어리게 보거나, 그것도 아니면 모든 여자를 자신의 동생이나 누이로 보는 친절한 남자입니다. 여기서 Maybe는 그런 경우를 말합니다.

원 카드로 읽을 때는 Yes, No, Maybe (네, 아니오, 어쩌면) 이외에도 Act, Hold, Think (움직여라, 멈춰라, 생각하라)도 구분해야 합니다. 한 장에 대답과 조언이 함께 들어있기 때문입니다.

질문에 대한 대답이 No 인데 카드의 메시지는 행동하라고 나올 수도 있습니다. 행동을 통해 경험하게 되면 그 이후의 상황이 개선 될 수 있을 때 이러한 메시지가 나타납니다.

질문에 대한 대답이 Yes 인데 생각하라는 메시지가 나올 수도 있습니다. 상황이 빠르게 변화할 때, 위험 또는 함정에 대한 경고가 필요할 때 그러합니다.

질문에 대한 대답이 No 이지만 Think 일 때는 생각해보면 해답이 가까이 있다고 생각하면 됩니다.

Yes 일 때 Hold, 라는 대답이 나오면 주변 상황상 논리적인 결론과는 다르게 결론이 날 수 있다는 뜻입니다. 재판, 싸움의 상황에서 논리적으로는 질문자가 옳지만 세력, 돈, 주변배경에 의해 결과가 다르게 나타날 수 있을 때를 예로 들 수 있겠습니다.

<'그는 나를 사랑할까?' 를 기준으로 한 22장 큰 뜻 표>

나를 사랑할까? 는 상대방의 대한 마음을 짐작하고 싶어 하는 질문입니다. 이 질문에 대한 답에는 나의 마음에 대한 판단과 상대방의 마음에 대한 엿보기와 관련된 내용이 들어있게 됩니다.

번호	뜻	Yes, No, Maybe	Act, Hold, Think
0	어리석다	Maybe	Think
1	근심스럽다	No	Hold
2	지혜롭게 생각하라	Maybe	Think
3	행동하라	Yes	Act
4	판단하라	Maybe	Hold
5	맺어지다	Yes	Act
6	끌리다	Maybe	Think
7	추측하다	Maybe	Act
8	사랑하다	Maybe	Act
9	고민하라	No	Hold
10	사랑하라	Yes	Act
11	사랑하다	Yes	Act
12	고민하라	Maybe	Act
13	사랑에 빠졌다	Yes	Think
14	평정을 찾아야한다	Yes	Hold
15	운명적이다	Yes	Think
16	당신은 판단 할 수 없다	Yes	Hold
17	그럴 수도 있다	Yes	Act
18	결정되지 않았다	No	Hold
19	그렇다	Yes	Act
20	주도권은 당신에게	Maybe	Act
21	그렇다	Yes	Act

질문을 기준으로 뜻을 골라낼 때에는 질문에 해당하는 답이 될 수 있는 것만을 골라야 합니다.

그럼 뜻을 다 골랐으니 이제는 풀어서 해석해 볼 차례입니다. 뜻과 마음과 행동을 어떻게 연결하면 좋을까요?

'Fool' 카드가 나왔을 경우.
↳ 어리석다. 그러나 그는 '어쩌면' 좋아하는 지도 모른다. 그가 나를 사랑할 만한 이유를 생각해 볼 것.

'Magician' 카드가 나왔을 경우.
↳ 근심스럽다. 당신은 사랑의 포로가 되었다. 그러나 No, 그는 당신보다는 자신을 사랑하는 사람이다. 행동을 멈추고 기다려야 할 때다.

'High Priestess' 카드가 나왔을 경우.
↳ 지혜롭게 생각하라. 그는 당신을 '어쩌면' 사랑하는지도 모른다. 당신의 '생각에' 그가 당신을 사랑할 충분한 이유가 있다면.

'Empress' 카드가 나왔을 경우.
↳ 행동하라. 그는 당신을 사랑한다. 당신의 행동에 모든 것이 달려있다. 그는 당신에게 마음이 있고 당신이 적극적으로 행동한다면 그도 마음을 당신에게 표현하게 될 것이다.

'Emperor' 카드가 나왔을 경우.
↳ 판단하라. '어쩌면' 그는 당신을 좋아할 수도 있다. 그러나 행동으로 표현하는 것에 주의하라. 당신이 움직일 때가 아닐 수 있다.

'Hierophant' 카드가 나왔을 경우.

↳ 맺어지다. 그는 당신을 좋아한다. 마음껏 표현하고 그의 대답을 기대해도 좋다.

'Lovers' 카드가 나왔을 경우.

↳ 끌리다. 그는 당신의 매력을 느끼고 있다. 그가 느끼는 나의 매력이 무엇인지 생각하고 그것을 발전시키도록 생각해내야 한다.

'Chariot' 카드가 나왔을 경우.

↳ 추측하다. 그가 당신을 사랑할 것이라고 생각하는 데는 당신만의 이유가 있다. '어쩌면' 그는 당신을 사랑할지도 모른다. 행동하고 도전하라. 해답을 얻게 될 것이다.

'Justice' 카드가 나왔을 경우.

↳ 사랑하라. 아직 분명한 것은 아니지만 그는 당신을 사랑할 지도 모른다. 당신이 표현한다면 그는 당신을 사랑한다고 생각하게 될 것이다.

'Hermit' 카드가 나왔을 경우.

↳ 고민하라. 그는 당신을 사랑하는 것이 아니다. 그에게도 당신에게도 시간이 필요하다. 모든 것을 멈추어야 한다.

'Wheel of Fortune' 카드가 나왔을 경우.

↳ 사랑하라. 그도 당신을 사랑할 것이다. 마음껏 말하고 행동하고 사랑을 누려라. 사랑은 당신의 것이다.

'Strength' 카드가 나왔을 경우.

　↳ 사랑하다. 당신이든 그든 둘 중 하나는 사랑하는 중이다. 둘 다 일수도 있다. 도전하라. 당신은 사랑을 쟁취할 수 있다.

'Hanged Man' 카드가 나왔을 경우.

　↳ 고민하라. '어쩌면' 그는 당신을 사랑하는지도 모른다. 그러나 그는 표현하지 않을 것이다. 당신이 먼저 표현해야 한다.

'Death' 카드가 나왔을 경우.

　↳ 사랑에 빠졌다. 그는 당신을 사랑한다. 그러나 당신은 고민해야 한다. 서로에게 이 사랑이 과연 옳은 일인지 생각해야 한다.

'Temperance' 카드가 나왔을 경우.

　↳ 평정을 찾아야 한다. 물론 그는 당신을 사랑한다. 흥분하지 말고 멈춰라. 당신은 그에게 어떤 영향도 주지 않도록 노력해야 한다.

'Devil' 카드가 나왔을 경우.

　↳ 운명적이다. 물론 그는 당신을 사랑한다. 그러나 조금 고민해 보자. 반대로 보면 사랑은 판단능력을 상실했다는 뜻이 될 수 있다. 그와 당신의 관계가 과연 바람직한가. 생각해 보아야 한다.

'Tower' 카드가 나왔을 경우.

　↳ 당신은 판단할 수 없다. 물론 그는 당신을 사랑한다. 그러나 당신은 지금 아무것도 해서는 안 된다. 모든 것이 나쁜 영향을 줄 수 있는 시기이기 때문이다.

'Star' 카드가 나왔을 경우.

↳ 그럴 수도 있다. 당신이 그를 사랑할 수도 있다. 당신은 마음껏 사랑해도 좋다. 그도 당신을 사랑하기 때문이다.

'Moon' 카드가 나왔을 경우.

↳ 결정되지 않았다. 아니 아직 그는 당신을 사랑하지 않는다. 기다려라. 아직 그런 질문을 할 때가 아니다.

'Sun' 카드가 나왔을 경우.

↳ 그렇다. 그는 당신을 사랑하고 당신도 그를 사랑한다. 앞으로 해야 할 것들이 많이 있다. 마음껏 사랑을 말하고 껴안고 어디론가 떠나라.

'Judgement' 카드가 나왔을 경우.

↳ 주도권은 당신에게. '어쩌면' 사랑이 아닐지는 모르지만 당신에게 호감이 있는 것은 틀림없다. 밀어 붙이면 결과가 나올 것이다.

'World' 카드가 나왔을 경우.

↳ 그렇다. 그는 당신을 사랑한다. 이미 둘은 하나의 세계를 만들고 있다. 이제 거리낄 것이 없다. 무엇이든 할 수 있다.

그냥 뜻만 알면 돼?
(능동과 수동구분하기)

딸림 뜻과 큰 뜻을 구분해서 사용할 수 있게 되었다면 배워야 할 일이 또 있습니다. 이 키워드들이 어떤 행동형태를 가지고 있는가를 구분하는 하는 것입니다. 바로 Active(능동=행동)과 Passive(수동)의 차이를 이해하는 것이지요. 수동과 능동을 구분하는 것을 통해 해답이 상대방에 대한 서술인지 질문자에 대한 서술인지 구분할 수 있게 됩니다. 완성된 글에서 능동과 수동을 구분하는 것은 어려운 것이 아닙니다. 해석 전체를 본다면 '내가 타인에게' 와 '상대방이 나에게' 를 구분하는 것은 쉽습니다. 누가 누구를 배신했는지, 누가 문제를 일으켰는지, 누가 착각하고 있는지, 누가 주도권을 가지고 있는지는 금방 알아낼 수 있습니다.

타로카드를 읽을 때 능동과 수동은 조금 다릅니다. 일반적으로 능동이 내가 하는 것, 수동이 타인에 의해서 일어나는 것이라면 타로카드에서 능동과 수동은 쉽게 말해 **나 혼자서 모든 일을 할 수 있을 때** 와 **누군가 함께 해야할 때** 라고 볼 수 있습니다.

단 한 명이라도 누군가의 도움이 필요한 일이면 '수동', 나 혼자서 다 해내는 것은 '능동' 입니다. 예를 들면 '사랑에 빠지다' 는 혼자서도 가능합니다. 상대방이 날 몰라도 혼자서 짝사랑이야 얼마든지 가능하지요. 그런데 결혼하다는 어떨까요. 두 명 이상의 사람들이 필요합니다. 따라서 이것은 '수동' 이 됩니다. 수동적인 것은 상황이 변화해야 이루어질 수 있는 것이고 능동적인 것은 상황을 내가 변화시킬 수 있으면 가능한 것을 말합니다.

　‘하다’와 ‘시키다’는 결과에 있어서 큰 차이가 있습니다. ‘하다’는 내가 하면 되는 것이지만 ‘시키다’는 상대방이 안 하면 끝입니다. 그러니 키워드에서 ‘주변의 도움이 필요하다.’라든가 ‘조언이 필요하다’ ‘적’이나 ‘장애물’이 나올 때는 결과가 내가 아닌 타인의 행동에 의해 좌우될 수 있다는 뜻이므로 해석에 주의가 필요합니다.

　물론 구체적인 대상이 질문에 주어질 경우 다음과 같이 달라집니다.

‘매력에 끌리다’는 능동 수동으로 구분할 때 수동입니다. 내가 상대방의 매력에 끌리다. 라고 해석해야 하기 때문입니다. 그러나 질문이 달라지면 능동과 수동도 달라집니다. ‘상대방이 나를 사랑하는가?’라는 질문으로 바꾼다면 ‘상대방이 나의 매력에 끌리고 있다.’로 해석할 수 있어 능동과 수동이 뒤집히게 됩니다.

그럼 기본적인 행동형태는 어떻게 구분할까요. 예를 들어 봅시다.

6. The Lovers

정-매력에 끌리다(혹은 매혹당하다), 사랑(자비 또는 경애 가끔은 큐피트 자체를 'Love'로 표현하거나 귀여운 사람은 'Love'라고 부르기도 한다. 아름다움(美), 시험을 이기다(고난을 이기다).

역-실패(불충분), 어리석은 계획(바보같은 시도, 하찮은 계획), 끝을 알 수 없는 기다림.

연인들 카드의 키워드들입니다. 이것을 수동과 능동으로 바꾸어 봅시다. 간단합니다. 주어를 넣어 문장을 만들어 보면 바로 알 수 있습니다. '누가 무엇을 하다.'로 만들어 봅시다.

수동형

아름다움 -> (내가 아름다우려면)타인이 나를 아름답게 보다.
어리석은 계획 -> (내가) 어리석은 계획에 속하다.

능동형

매력에 끌리다 ->내가 (타인의) 매력에 끌리다.
사랑-> 내가 (타인을) 사랑하다.
시험을 이기다 -> 내가 (주어진) 시험을 이기다.
실패-> 내가 (주어진 시험에서) 실패하다.
끝을 알 수 없는 기다림 ->내가 (타인을) 기다리다.

어떤가요, 능동형에 속하는 뜻이 많은 편입니다. 그래서 Lovers는 능동형카드가 됩니다. '사랑을 받다' 카드가 아니라 '사랑을 주다' 카드입니다. 이런 카드를 능동형 행동카드라고 부릅니다.

이런 카드는 이미 진행 중이거나 계획을 바꿀 생각이 없을 때 나타납니다. 능동형 행동카드의 경우 결과가 나타나는 시점도 빠른 편입니다.

반대로 수동형의 키워드가 많은 카드를 수동형 행동카드라고 합니다. 수동형 행동카드는 자극이 확실하지 않으면 진행이 되지 않습니다. 주변에서 움직여야 움직이는 카드입니다. 당연히 결과가 나타나는 시점도 멀다고 볼 수 있습니다.

여기서는 메이저 아르카나의 정 방향과 역방향의 모든 키워드를 사용해서 행동형태를 찾아보았지만 정 방향만 가지고 판단해도 크게 틀리지 않습니다. 카드리더가 역방향은 사용하지 않는다면 정 방향의 키워드만 가지고 판단해도 됩니다. 이렇게 뜻을 넣어 만드는 **하다, 한다, 이다, 있다, 의 문장은 행동의 방향을 판단하기 위한 것입니다.**

대표적인 수동형의 카드는 뭐가 있을까요, 매달린 남자 카드는 어떨까 한번 살펴보겠습니다.

12. The Hanged Man

정 : 지혜(현명함 또는 그 근본인 학문이나 지식), 세심한 주의(신중하다 때로는 용의주도), 통찰력(인식), 시련(고난 때로는 스스로 선택한 고난이나 시련을 이겨내야 하는 시기를 의미하기도 한다), 희생('십자가에 못 박힘' 또는 산 제물이나 기도), 직관, 예언(점)

역 : 이기주의, 대중(군중 또는 국민), 국가(우리나라같이 정치방식을 한 가지만 선택한 국가).

수동형

통찰력-〉 나에게는 통찰력(을 가르쳐줄 사람)이 필요하다.

예언-〉 나에게 (누군가)예언해주다.

대중-〉 나에게는 대중의 지지가 필요하다.

국가-〉 나는 국가에 속해있다

능동형

지혜-〉 내가 (상대방보다)지혜로워야 한다.

세심한 주의 -〉 내가 (상대방에게)세심하게 주의를 기울여야 한다.

시련-〉 나에게는 (지금이) 시련이다.

희생-〉내가 희생해야 한다.

직관-〉 나에게 (선택을 할 수 있는)직관이 필요하다.

이기주의-〉 나는 이기주의적이다.

보신 것처럼 매달린 남자 카드는 아주 약간 능동형에 속합니다. 유다도 오딘도 스스로 거꾸로 매달린 캐릭터이기 때문에 자기희생이라는 대단히 능동적인 의미를 기본으로 하기 때문입니다.

문장을 만들고 추가해 놓은 가로 안의 말은 여러분이 이해하기 쉽도록 부연설명을 위해 넣어둔 것입니다. 이것이 없어도 문장이 되어야 합니다. 키워드를 하다, 한다, 이다, 있다. 의 문장으로 풀어보면 보이는 행동의 방향은 힘의 주체가 누구인지를 알 수 있게 해줍니다. 누군가 나를 도와주길 원하는지, 내가 무엇을 해야 하는지. 내가 무엇이 필요한지 확인해 줄 것입니다.

나머지 22개의 메이저 아르카나의 행동형태를 정리해 주세요. 78장을 모두 만들어 둔다면 해석에 도움이 될 것입니다.

> * 주의할 점 : 물건은 문장으로 만들 수 없거나 중립적이어서 누가 힘을 가지고 있는지 판단할 수 없는 경우가 있습니다. 뜻이 바로 보아 판단되지 않는 경우는 분석에서 제외해도 무방합니다. 여러 번 말씀드리고 있지만 카드를 읽고 있는 여러분 스스로가 이해하지 못한다면   여러분을 위해 준비된 답이 아닙니다. 넘어가셔도 좋습니다.

22장의 메이저 아르카나 능동 수동 구분하기

0. The Fool

정 : 어리석음(바보 같은 짓), 매니아(광적임), 사치(낭비, 무절제, 방종), 흥분(도취, 중독), 맹렬한 흥분(일시적 정신착란), 광란(격분, 격앙), 비밀을 폭로하다.(또는 누설하다, 가끔은 '비밀의 증거를 눈앞에 제시하다' 라는 뜻으로도 쓰인다.)

역 : 부주의(태만으로 인한), 방심(부재, 때로는 결핍), 분배(배열, 배치), 부주의(경솔), 무관심, 가치 없는 것, 허영심.(자만심, 반대로 허무하거나 무익한 것을 의미하기도 한다.)

수동

분배(배열, 배치) -〉 내 것을 분배당하다.

능동

어리석음(바보 같은 짓), -〉 내가 어리석다. 내가 바보 같은 짓을 하다.

매니아(광적임)-〉 내가 광적이다.

사치(낭비, 무절제, 방종) -〉 나에게는 사치다.

흥분(도취, 중독) -〉 내가 흥분한 상태다.

비밀을 폭로하다.(또는 누설하다.) -〉내가 비밀을 누설하다.

부주의(태만으로 인한) -〉 내가 부주의 했다.

방심(부재, 때로는 결핍) -〉내가 방심했다.

가치 없는 것 -〉 나에게 가치 없는 것이다.

1. The Magician

정 : 기술(숙련, 교묘하다, 기능, 익숙함), 외교술(외교적 제안), 연설(인삿말), 주소, 병(메스꺼움), 고통(고뇌, 비탄, 근심), 분실(유실, 실패, 사망), 재앙(천재지변, 사망), 자신(자부심), 의지(의지의 힘), 질문자의 성이 남자일 경우 질문자.

역 : 의사, 치료자, 마술사(보통 ‘magus’는 점성술사로 알려져 있다.), 정신적 질병(정신적 피로), 불명예(망신, 치욕, 인기 없음).

수동

병(메스꺼움), → 내가 병에 걸리다

재앙(천재지변, 사망), → 나에게 재앙이 닥치다.

의사, → 나에게 의사가 필요하다.

치료자, 마술사(보통 ‘magus’는 점성술사로 알려져 있다.), → 나에게 마술사가 필요하다.

능동

기술(숙련, 교묘하다, 기능, 익숙함) → 내가 가진 기술

외교술(외교적 제안) → 내가 외교술을 발휘하다.

고통(고뇌, 비탄, 근심), → 내가 고통을 느끼다.

분실(유실, 실패, 사망), → 내가 잃어버리다.

자신(자부심), → 내 스스로 자신감을 가지고 있다.

의지(의지의 힘), → 내 의지가 문제다.

질문자의 성이 남자일 경우 질문자. → 나 자신

정신적 질병(정신적 피로), → 나에게 정신적인 질병이 있다.

불명예(망신, 치욕, 인기 없음). → 나에게 불명예스러운 일이다.

2. The High Priestess

정 : 비밀(은밀한, 신비한), 신비(수수께끼), 아직 밝혀지지 않은 미래의 비밀, 질문자가 여자일 경우 질문자, 침묵(비밀 엄수, 정적 또는 무소식), 고집(끈기, 뛰어난 기억력), 현명(지혜, 슬기로움, 학문, 지식 또는 명언), 과학(학문, 신앙적인 요법, 기술).

역 : 열정(격정, 열애, 열광, 격노, 흥분), 도덕적인 것 또는 육체적 열정, 자만(자부심, 반대로 호의, 호감, 기발한 표현이나 착상이라는 뜻도 있다.), 표면적인 지식(겉치레의 지식 또는 표면적인 이해).

수동

아직 밝혀지지 않은 미래의 비밀, → 나의 비밀은 지금은 안전하지만 밝혀질 것이다.

비밀(은밀한, 신비한), → 나의 비밀이 문제다.

능동

열정(격정, 열애, 열광, 격노, 흥분) → 나에게는 열정이 필요하다.

침묵(비밀 엄수, 정적 또는 무소식), → 나는 침묵해야 한다.

현명(지혜, 슬기로움, 학문) → 나는 현명하게 행동해야 한다.

고집(끈기, 뛰어난 기억력) → 나는 고집 부려야 한다.

과학(학문, 신앙적인 요법, 기술) → 나는 과학적일 필요가 있다.

도덕적인 것 또는 육체적 열정, → 나에게 도덕적인 문제가 있다.

자만(자부심, 반대로 호의, 호감, 기발한 표현이나 착상이라는 뜻도 있다.) → 나의 자만심이 문제다.

표면적인 지식(겉치레의 지식 또는 표면적인 이해). → 나의 표면적인 지식이 문제다.

3. The Empress

정 : 다산(비옥한, 유리한), 행동(실행, 또는 연기), 독창력(솔선), 긴 하루,
알려지지 않은 비밀, 설상가상으로 다가오는 곤란, 의심하다, 무지(무식).

역 : 빛, 진리, 풀리지 않은 복잡한 문제, 우유부단(망설임, 흔들림, 동요).
모두가 함께 할만한 기쁜 소식,

수동

긴 하루. → 나에게 긴 하루가 될 것이다.
설상가상으로 다가오는 곤란 → 나에게 곤란스러운 일이 다가올 것이다
의심하다 → 타인이 나를 의심하고 있다.
빛 → 나에게 빛이 다가올 것이다.
진리 → 나에게 진리가 필요하다.
모두가 함께 할만한 기쁜 소식, → 나에게 기쁜 소식이 전해지다.

능동

다산(비옥한, 유리한) → 나는 유리하다.
행동(실행, 또는 연기) → 나는 행동해야 한다.
독창력(솔선) → 나에게는 독창력이 필요하다.
알려지지 않은 비밀 → 나에게 비밀이 있다.
무지(무식). → 내가 무지한 것이 문제다.
풀리지 않은 복잡한 문제 → 나에게 복잡한 문제가 있다.
우유부단(망설임, 흔들림, 동요) → 나의 망설임이 문제다.

4. The Emperor

정 : 안정(고정), 힘, 보호능력, 위대한 사람, 도움(원조나 구원), 사고력(판단력, 물론 이치와 도리에 맞는 이유를 가지고 있는 사고력이나 판단력을 뜻한다.), 유죄판결(설득력 있는 신념에 따른 유죄의 판결, 반대로 죄의 자각이란 뜻도 잇다.).

역 : 자비심(자선, 선행), 동정심(측은히 여김), 적의 명성(세력, 평판, 신용)으로 인해 혼란을 겪게 되다, 미숙(미완성, 또는 생소한 것).

수동

안정(고정) → 나는 안정적이다.

적의 명성(세력, 평판, 신용)으로 인해 혼란을 겪게 되다 → 나는 적보다 유명하지 않다.

도움(원조나 구원) → 나에게 도움이 필요하다.

능동

힘 → 나는 힘이 있다.

보호능력 → 나는 내것을 보호할 수 있다.

위대한 사람 → 나는 위대한 사람이 될 것이다.

사고력(판단력, 물론 이치와 도리에 맞는 이유를 가지고 있는 사고력이나 판단력, → 나에게 판단력이 필요한 때다

유죄판결(설득력 있는 신념에 따른 유죄의 판결, 반대로 죄의 자각이란 뜻도 잇다.). → 내가 유죄판결을 내릴 것이다.

자비심(자선, 선행) → 나는 자비심을 발휘할 것이다.

동정심(측은히 여김) → 나는 상대방에게 동정심을 가질 것이다.

미숙(미완성, 또는 생소한 것). → 나는 아직 미숙하다.

5. The Hierophant

정 : 결혼으로 맺어진 결연(동맹)이나 인척관계, 포로(속박 또는 속박기간 감금기간), 감금(예속되다, 강제노동이나 징역), 또 다른 중요성(혹은 또 다른 근거나 이유), 자비와 선량함, 영감(암시, 교시), 질문자가 의지하는 사람(질문자의 보호자 또는 정신적인 지주).

역 : 교제(공동체, 사회, 모임), 충분히 이해, 협정(협약, 일치), 과잉친절, 약함.(허약, 유약, 약점 또는 부족하거나 모자란 점을 뜻하기도 한다.)

수동

결혼으로 맺어진 결연(동맹)이나 인척관계 → 나의 인척관계.

포로(속박 또는 속박기간 감금기간) → 내가 포로가 되다.

감금(예속되다, 강제노동이나 징역) → 내가 감금되다.

질문자가 의지하는 사람(질문자의 보호자 또는 정신적인 지주). → 나에게 의지할 곳이 있다.

교제(공동체, 사회, 모임) → 나는 교제 중이다.

협정(협약, 일치) → 나는 상대방과 협정을 맺고 있다.

능동

자비와 선량함, → 나에게 자비가 주어질 것이다.

영감(암시, 교시) → 나에게 영감이 필요하다.

충분히 이해 → 나는 이해하고 있다.

과잉친절 → 나는 지나친 친절을 베풀고 있다.

약함.(허약, 유약, 약점 또는 부족하거나 모자란 점을 뜻하기도 한다.) → 나에게는 약점이 있다.

6. The Lovers

정 : 매력에 끌리다(혹은 매혹당하다), 사랑(자비 또는 경애 가끔은 큐피트 자체를 'love'로 표현하거나 귀여운 사람은 'love'라고 부르기도 한다.), 아름다움(美), 시험을 이기다(고난을 이기다).

역 : 실패(불충분), 어리석은 계획(바보 같은 시도, 하찮은 계획). 끝을 알 수 없는 기다림.

수동형

아름다움 -> (내가 아름다우려면)타인이 나를 아름답게 보다.
어리석은 계획 -> (내가) 어리석은 계획에 속하다.

능동형

매력에 끌리다 ->내가 (타인의) 매력에 끌리다.
사랑-> 내가 (타인을) 사랑하다.
시험을 이기다 -> 내가 (주어진) 시험을 이기다.
실패-> 내가 (주어진 시험에서) 실패하다.
끝을 알 수 없는 기다림 ->내가 (타인을) 기다리다.

7. The Chariot

정 : 구조(원조), 신의 섭리*, 일반적으로 전쟁, 승리(성공!), 가정하다(추측하다, 어림잡다 때로는 지나친 추측이나 가정으로 인한 무례함이나 뻔뻔스러움을 의미하기도 한다.), 복수(앙갚음), 근심(걱정이나 병, 또는 그로 인한 고생이나 불편).

역 : 폭동(소동, 방종), 싸움(말다툼이나 그 원인), 논쟁하다(토의하다), 소송(기소), 쳐부수다(패배시키다).

수동

구조(원조) → 나를 누가 구조해 주어야 한다.
신의 섭리 → 신의 섭리대로 될 것이다.
폭동(소동, 방종) → 폭동일 일어나다.
싸움(말다툼이나 그 원인) → 싸움이 일어나다.
논쟁하다(토의하다), → 타인과 논쟁 중이다.

능동

전쟁 → 나의 전쟁이다.
승리(성공), → 내가 승리하다.
복수(앙갚음), → 내가 복수할 것이다.
근심(걱정이나 병, 또는 그로 인한 고생이나 불편). → 나는 근심한다.
소송(기소), → 내가 소송할 것이다.
쳐부수다(패배시키다). → 내가 처 부술 것이다.

8. Justice

정 : 공정(공평, 정당), 정직(올바름, 진실), 청렴결백(성실, 고결), 집행력
(사람을 뜻할 때는 중역이나 집행부에 속한 사람).

역 : 법에 속한 한 부분(즉 '법을 편협한 시각으로 해석하다' 라는 뜻으로
볼 수도 있다.), 편협한 시각, 고집불통, 치우침(성향, 경향), 지나치게 엄격
한.(대부분은 평가에 있어서 엄격한 시각을 말한다. 자신에게 엄격한 사람
이나 타인에게 엄격한 사람을 뜻하기도 한다.

능동

공정(공평, 정당) → 나는 공정해야 한다.

정직(올바름, 진실) → 나는 정직해야 한다.

청렴결백(성실, 고결) → 나는 청렴결백해야 한다.

집행력(사람을 뜻할 때는 중역이나 집행부에 속한 사람) → 나는 집행력
이 필요하다.

법에 속한 한 부분(즉 '법을 편협한 시각으로 해석하다' 라는 뜻으로 볼
수도 있다.) → 나는 법대로 생각해야 한다.

편협한 시각 → 나는 편협한 시각을 가지고 있다.

고집불통 → 나는 고집불통으로 행동하고 있다.

치우침(성향, 경향) → 나는 치우쳐 있다.

지나치게 엄격한(평가에 있어서 엄격한 시각을 말한다. 자신이나 타인
에게 엄격한 사람) → 나는 지나치게 엄격하다.

9. The Hermit

정 : 신중(빈틈없음, 또한 특별한 상황에서는 반역이나 배신을 뜻하기도 한다.) 위장과 위선, 사기나 장난 같은 죄, 타락.(부패 또는 그 원인이 되는 매수나 변조를 뜻하기도 한다.)

역 : 은폐(은닉 또는 잠복이나 은신처), 위장하다(변장하다, 속이다), 수단이나 방법(정책이나 방침), 공포, 이유 없는 훈계나 주의(또는 지나친 신중함.)

수동

위장과 위선 → 위장에 속고 있다.

은폐(은닉 또는 잠복이나 은신처) → 은폐 당했다.

수단이나 방법(정책이나 방침) → 방법이 필요하다.

공포 → 나는 공포에 사로잡혀 있다.

이유 없는 훈계나 주의(또는 지나친 신중함.) → 이유 없이 혼나다

능동

신중(빈틈없음, 또한 특별한 상황에서는 반역이나 배신을 뜻하기도 한다.) → 나는 신중해야 한다.

사기나 장난 같은 죄 → 나는 작은 죄를 저질렀다.

타락.(부패 또는 그 원인이 되는 매수나 변조를 뜻하기도 한다.) → 나는 타락했다.

위장하다(변장하다, 속이다) → 위장하고 있다.

10. Wheel of Fortune

정 : 운명(숙명 또는 운명의 3여신을 뜻하기도 한다), 행운(부, 재산, 좋은 운수 같은 것들), 성공(출세, 혹은 성공한 사람), 운, 경사(지복[至福]).

역 : 늘다(증식하다, 불어나다, 때로는 때가 되다. 라는 문장에 사용되기도 한다.), 유복함(부유함, 풍족함), 과분하다.(남아돌다, 사치스럽거나 비정상적인 풍요를 의미하기도 한다.)

수동

경사(지복[至福])-〉 우리의 경사다.

늘다(증식하다, 불어나다, 때로는 때가 되다라는 문장에 사용되기도 한다.)-〉 계속 늘어날 것이다

능동

운명(숙명 또는 운명의 3여신을 뜻하기도 한다)-〉 나의 운명이다.

행운(부, 재산, 좋은 운수 같은 것들)-〉 나의 행운이다.

성공(출세, 혹은 성공한 사람)-〉 나의 성공이다

운-〉 운대로 된다.

유복함(부유함, 풍족함)-〉 나는 유복하다.

과분하다.(남아돌다, 사치스럽거나 비정상적인 풍요를 의미하기도 한다.)-〉 나에게는 과분하다.

11. Strength

정 : 힘(권력, 권능), 에너지(또는 에너지가 작용하는 세력이나 잠재적인 능력), 행동(활동, 또는 실행하다, 작용하다), 용기(담력, 배짱), 관대함(담대함, 아량이 넓다).

역 : 전제정치(독재, 압제 혹은 그런 사람), 힘이나 권력을 남용하다, 약점(허약함이나 결점), 불화(불협화음, 소음).

수동

관대함(담대함, 아량이 넓다)→ 나에게 관대한 처사가 주어지기를
전제정치(독재, 압제 혹은 그런 사람) → 나는 전제정치에 희생되고 있다.
불화(불협화음, 소음) → 내가 불화에 속해있다.

능동

힘(권력, 권능) → 나의 힘이 작용하다.
에너지(또는 에너지가 작용하는 세력이나 잠재적인 능력) → 나에게 에너지가 필요하다.
행동(활동, 또는 실행하다, 작용하다) →나의 행동의 결과이다.
용기(담력, 배짱) → 나에게 용기가 필요하다.
힘이나 권력을 남용하다 → 나는 힘을 남용하고 있다.
약점(허약함이나 결점) →문제는 나의 약점이다.

12. The Hanged Man

정 : 지혜(현명함 또는 그 근본인 학문이나 지식), 세심한 주의(신중하다 때로는 용의주도), 통찰력(인식), 시련(고난, 때로는 스스로 선택한 고난이나 시련을 이겨내야 하는 시기를 의미하기도 한다.), 희생('십자가에 못 박힘' 또는 산 제물이나 기도), 직관, 예언(점).

역 : 이기주의, 대중(군중 또는 국민), 국가(우리나라같이 정치방식을 한 가지만 선택한 국가).

수동

통찰력-〉 나에게는 통찰력(을 가르쳐줄 사람)이 필요하다.

예언-〉 나에게 (누군가)예언해주다.

대중-〉 나에게는 대중의 지지가 필요하다.

국가-〉 나는 국가에 속해있다

능동

지혜-〉 내가 (상대방보다)지혜로워야 한다.

세심한 주의 -〉 내가 (상대방에게)세심하게 주의를 기울여야 한다.

시련-〉 나에게는 (지금이) 시련이다.

희생-〉내가 희생해야 한다.

직관-〉 나에게 (선택을 할 수 있는)직관이 필요하다.

이기주의-〉 나는 이기주의적이다.

13. Death

정 : 끝(종료), 죽음을 면할 수 없는 운명, 파괴(살인, 멸망), 타락(퇴폐, 부패).

역 : 타성(관성, 또는 무력증), 잠자다(죽은 상태), 기면병(혼수상태 또는
무감각상태), 망연자실(석화[石化], 화석), 몽유병.

수동

끝(종료)→ 이번일은 끝이다.

파괴(살인, 멸망)→파괴 되었다.

잠자다(죽은 상태)→ 나는 잠자는 것과 같다.

죽음을 면할 수 없는 운명→ 나는 죽음을 면할 수 없는 운명이다.

타성(관성, 또는 무력증)→ 나는 무력증에 빠졌다.

타락(퇴폐, 부패).→ 나는 타락했다.

14. Temperance

정 : 경제(절약, 검약), 중용(알맞음, 적당함, 절제), 검소, 관리(경영, 지배, 감독), 조화(적응, 조절).

역 : 교회와 연관된 인물들, 종교, 분파, 성직자, 게다가 분열을 부르는 불행한 결합, 교회 세력과 관련 있는.

수동

중용(알맞음, 적당함, 절제) → 내게 딱 적당하다.
조화(적응, 조절). → 내가 주변과 조화를 이루다.
분파 → 분파가 나에게 문제다.
게다가 분열을 부르는 불행한 결합 →주변과 나는 불행한 결합이다.

능동

경제(절약, 검약)→ 나는 경제적이다.
검소 → 내가 검소해야 한다.
관리(경영, 지배, 감독) → 내가 관리 하다.
종교 → 나는 종교적이다.

15. The Devil

정 : 파괴(황폐), 폭력(폭행, 강간), 격렬함(격정), 이상한(비범한, 비상한), 노력(수고, 그로 인한 성과), 힘(으로 행사하는 폭력이나 무력), 재난(참사 등의 불운), 운명 그러나 이것은 악마로 인한 것이 아니다.

역 : 악마의 영향(불길한 운명, 불운한 재난), 약함(가냘픔, 우유부단 등의 약점), 하찮음, 무지함(맹목적임, 무분별함)

수동

파괴(황폐) -> 모든 것은 파괴되었다.

폭력(폭행, 강간) ->내게는 폭력적이다.

격렬함(격정) -> 내게 격렬한 감정이 솟다.

재난(참사 등의 불운) -> 나는 재난의 상황에 빠져있다.

운명 그러나 이것은 악마로 인한 것이 아니다. -> 운명은 피할 수 없다.

악마의 영향(불길한 운명, 불운한 재난) ->악마의 영향은 피할 수 없다.

약함(가냘픔, 우유부단 등의 약점) ->나는 약하다.

하찮음 ->나는 하찮게 여겨지고 있다.

무지함(맹목적임, 무분별함) ->나는 무지하다.

능동

노력(수고, 그로 인한 성과) -> 나는 노력해야 한다.

이상한(비범한, 비상한) -> 내게는 이상한 상황이다.

힘(으로 행사하는 폭력이나 무력) ->나의 힘.

16. The Tower

정 : 정신적 고통(괴로움, 비탄, 비참함 때로는 불행이나 고난), 고뇌(빈곤, 재난), 불운(역경), 불행(재난), 치욕(망신), 속임(기만, 사기 등에 현혹되다), 파멸(폐허, 멸망).

역 : 어떤 사람들은 정 방향의 뜻을 약간 약하게 해석하라고 말하기도 한다. 대부분은 압제, 감금, 정치적 횡포.(때로는 주도권을 가진 사람이 권력을 남용하다.)

수동

불운(역경) → 나에게는 불운이다.
불행(재난) → 나에게는 불행이다.
치욕(망신) → 나에게는 치욕이다.
파멸(폐허, 멸망). → 나는 파멸 했다.
대부분은 압제, → 나는 압제당하고 있다.
감금, → 나는 감금당한 상태이다.
정치적 횡포.(때로는 주도권을 가진 사람이 권력을 남용하다.) →
나는 정치적 횡포를 견뎌야 한다.

능동

정신적 고통(괴로움, 비탄, 비참함 때로는 불행이나 고난) → 나는 정신적 고통을 느끼고 있다.
고뇌(빈곤, 재난) → 나는 고뇌하는 중이다.
속임(기만, 사기 등에 현혹되다) → 내가 속임 당한 느낌이다.

17. The Star

정 : 잃다(실패하다, 사망하다, 분실하다), 도둑질, 몰수(상실, 결핍, 궁핍), 포기, 또 다른 해석으로는 희망이나 빛, 전망, 가능성의 의미가 있다.

역 : 거만(오만), 건방진, 무기력하다(노쇠하다).

수동

잃다(실패하다, 사망하다, 분실하다) → 나는 잃었다.

도둑질 → 나는 도둑질 당했다.

몰수(상실, 결핍, 궁핍) → 나는 빼앗겼다.

포기 → 나는 포기상태다.

전망 → 나는 전망을 보지 못하고 있다.

무기력하다(노쇠하다). → 나는 무기력하다.

능동

가능성의 의미가 있다 → 나는 가능성을 믿는다.

거만(오만) → 내가 거만했다.

건방진 → 내가 건방졌다.

18. The Moon

정 : 숨겨진 적, 위험, 비방(중상모략), 암흑(흑심), 공포, 속임(기만, 현혹, 사기), 과실(죄).

역 : 불안정, 변덕, 침묵(비밀엄수, 망각, 묵살), 크지 않은 사기나 죄.

수동

숨겨진 적 –〉내게 숨겨진 적이 있다.

위험 –〉 내게 위험이 닥쳤다.

비방(중상모략) –〉누군가 나를 비방하고 있다.

암흑(흑심) –〉 나는 암흑에 놓여있다.

속임(기만, 현혹, 사기) –〉나를 누군가 속이려고 한다.

침묵(비밀엄수, 망각, 묵살) –〉나는 침묵해야 한다

능동

과실(죄) –〉내 과실이다.

공포 –〉나는 지금 상황이 공포다.

불안정 –〉나는 불안정한 상태다

변덕 –〉내가 변덕을 부렸다.

크지 않은 사기나 죄. –〉 크지는 않지만 나의 죄다.

19. The Sun

정 : 물질적인 행복, 운명적인 행복한 결혼, 만족함.

역 : 정 방향의 뜻을 약하게 해석하거나 기대보다 부족한 상태로 해석하면 된다. 때로는 지나친 바람에 대해 충고하는 의미로 쓰이기도 한다.(예를 들면, 현재 충분히 행복한 상태임에도 불구하고 질문자는 아직 부족하다고 생각하는 경우.)

능동

물질적인 행복 –> 나의 물질적인 행복이다.

운명적인 행복한 결혼 –>내게 운명적인 행복한 결혼.

만족함. –> 나는 만족하고 있다.

때로는 지나친 바람에 대해 충고하는 의미로 쓰이기도 한다.(예를 들면, 현재 충분히 행복한 상태임에도 불구하고 질문자는 아직 부

족하다고 생각하는 경우.) –>나는 만족해야 한다.

20. The Judgement

정 : 지위(입장, 처지, 신분)이 바뀌다. 재생(부활, 새롭게 하다), 결과 또
는 성과.

역 : 정방향의 뜻을 약하게 해석하기도 한다. 이 카드에서는 때가 가까
워 온 것을 의미하기도 한다.(살문자가 생각하는 때가 가까워 왔음을 의미
하거나 결과가 다가오는 것으로 해석해도 무관하다.)

수동

지위(입장, 처지, 신분)이 바뀌다. ―>나의 지위가 바뀔 것이다.

결과 또는 성과. ―> 나는 결과를 맞이하게 될 것이다.

이 카드에서는 때가 가까워 온 것을 의미하기도 한다.(살문자가 생각하
는 때가 가까워 왔음을 의미하거나 결과가 다가오는 것으로 해석해도 무
관하다.) ―> 나의 때가 올 것이다.

능동

재생(부활, 새롭게 하다), ―>나는 새로 태어날 것이다.

21. The World

정 : 확실한 성공(절대 실패할 이유가 없음), 여행, 길, 이주(또는 이민), 날다(가끔은 날듯이 추격하거나 목표를 따라간다는 의미로도 사용한다.), 공간을 바꾸다.(혹은 장소나 지역을 바꾸다.)

역 : 태만(부주의나 과실), 고정(부동), 정체, 영구하거나 항구적인 것.

수동

공간을 바꾸다.(혹은 장소나 지역을 바꾸다.) → 이사하게 된다.
태만(부주의나 과실) → 내가 태만했었다.
고정(부동) → 나는 고정되어 있다.
정체 →나는 현재 정체되어 있다.

능동

확실한 성공(절대 실패할 이유가 없음) → 내게 확실한 성공.
여행 → 나는 여행을 떠날 것이다.
길 → 나는 길 위에 서 있다.
이주(또는 이민) → 나는 이민을 떠나게 될 것이다.
날다(가끔은 날듯이 추격하거나 목표를 따라간다는 의미로도 사용한다.) → 나는 날게 될 것이다.

언제쯤 인건데?

　마지막으로 사건이 Present인가 Future인가도 판단해야 합니다. 타로카드를 읽을 때도 시간 '언제' 는 중요합니다. 타로카드에서 사건의 시작과 관련된 시간은 다섯 가지가 있습니다.

① 과거의 사건.
② 현재진행중인 사건.
③ 과거에는 발생하지 않았으나 현재 진행중이며 미래에도 진행 중일 사건
④ 미래에 일어날 사건.
⑤ 과거에서부터 현재까지 반복적으로 발생되며 미래에도 지속될 사건.

　이것은 사건을 기준으로 한 것으로 결과를 기준으로한 시간은 세 가지가 있습니다.

① 과거에 종료된 사건.
② 단기간 후에 종료될 사건.
③ 상당 기간 후에 종료될 사건.

　질문에는 사건의 시작과 관련된 시간 다섯 가지 중 하나가 포함되어 있게 되고 대답에는 결과를 기준으로한 시간 세 가지 중 하나가 포함됩니다. 질문에는 사건의 진행상태가 표현되지만 대답에는 사건의 종료상태가 표현됩니다. 질문은 시간상으로 현재의 위치. 답은 시간상으로 미래의 위치해 있기 때문입니다.

시간은 위치(Position)입니다. 과거에서부터 현재까지 진행되는 시간은 방향성을 가지고 있기 때문에 위치는 방향을 알려줍니다. 사건이 어느 쪽으로 흐르고 있는지 알려주는 것은 현재의 위치입니다. 해석에 있어서 시간이 중요한 것은 이러한 이유입니다.

질문자가 '솔로' 라는 것은 ⑤ 과거에서부터 현재까지 반복적으로 발생되며 미래에도 지속될 사건. 에 해당합니다. 시간을 판단할 수 있는 힌트는 '지금까지' 에서 찾을 수 있습니다.

이 질문에서 연애는 ② 현재진행중인 사건입니다. 그런데 질문은 이게 아닙니다. ④ 미래에 일어날 사건입니다. 힌트는 '이대로 계속 쭉' 에 있습니다.

이 질문에서 시간은 ⑤ 과거에서부터 현재까지 반복적으로 발생되며 미래에도 지속될 사건입니다. 힌트는 '흐지부지 되어버려요.' 되어버려요. 는 일반화되었다는 뜻입니다. '됐어요' 는 과거의 사건을 설명하는 말이고 '될 것 같아요' 는 미래를 예측하는 말입니다. 질문자는 앞으로도 그렇게 될 것 같다고 생각하고 있습니다. 그래서 ⑤ 과거에서부터 현재까지 반복적으로 발생되며 미래에도 지속될 사건에 속하는 것입니다.

이 질문에서 시간은 ③ 과거에는 발생하지 않았으나 현재 진행 중이며 미래에도 진행 중일 사건 에 속합니다. 과거는 관계의 시발점부터를 의미

합니다. 처음 시작에는 그렇지 않았는데 관계의 변화가 있었고(헤어짐) 관계를 끊지 않는 한 (다시 헤어지지 않는 한) 고통이 지속될 것이라고 질문자는 예감하고 있습니다. 힌트는 '지켜보는 거 너무 힘들고'에 있습니다. 또한 시간의 기준은 현재 상태대로 아무 개입도 하지 않았을 때의 상황을 기준으로 합니다. 그래서 ③ 과거에는 발생하지 않았으나 현재 진행 중이며 미래에도 진행 중일 사건 에 속하게 됩니다.

이처럼 시간은 질문자의 생각의 방향과 사건의 진행방향을 보여줍니다. 그럼 답에서의 시간은 어떤 식일까요.

예문은 ⑤ 과거에서부터 현재까지 반복적으로 발생되며 미래에도 지속될 사건입니다.

답은 ② 단기간 후에 종료될 사건이거나 ③ 상당 기간 후에 종료될 사건이 될 것입니다. 이것은 지속된 사건, 지금도 현재 겪고 있는 사건이기 때문에 과거에 종료된 사건일 수는 없습니다. 따라서 답은 종료가 될 수 있는 전제조건, 어떻게 하면 현재 상황을 변화시킬 수 있는지를 포함하면서 다음 같은 시간을 포함하게 됩니다.

② 변화를 금방 확인할 수 있는가 (단기간 후에 종료될 사건)
③ 시간을 좀 두어야 변화가 되는 가 (상당 기간 후에 종료될 사건)

사건이 종료되다. 라는 것은 질문자가 원하는 것(Need)이 충족되거나 질문자가 포기하는 것을 말합니다. 되거나 되지 않거나 둘 중 하나가 되는 것을 사건이 종료되다(Sold Case). 라고 하는 것입니다.

질문은 ④ 미래에 일어날 사건입니다. 답은 ① 과거에 종료된 사건 ② 단기간 후에 종료될 사건 ③ 상당 기간 후에 종료될 사건. – 모두 될 수 있습니다. 그럼 아래와 같은 해석이 가능하게 됩니다.

① 물어볼 필요도 없습니다. 괜한 고민입니다. (과거에 종료된 사건)
② 변하는지 변하지 않는 지는 금방 알 수 있게 됩니다. (단기간 후에 종료될 사건)
③ 오랜 시간 떨어져 있어봐야 알 수 있습니다. (상당 기간 후에 종료될 사건)

변했다. 안 변했다. 변한다. 안 변한다는 위에 예문 같은 내용과 함께 해석과 함께 이야기 하면 됩니다.

제가요. 남자도 잘 안 꼬이고 … 꼬여도 맘에 안 드는 사람
만 꼬이고요. 잘될라하다가도 흐지부지 되어버려요. 항상.
저에게 무슨 문제가 있는지 너무 궁금해요.

질문은 ⑤ 과거에서부터 현재까지 반복적으로 발생되며 미래에도 지속
될 사건입니다. 그럼 ① 과거에 종료된 사건 - 은 될 수 없겠습니다. 현재
에도 진행 중이니까요. 답은 ② 단기간 후에 종료될 사건 ③ 상당 기간
후에 종료될 사건 이 될 수 있습니다. 해석은 다음과 같이 할 수 있습니다.

② 노력의 결과는 금방 알게 될 것입니다. (단기간 후에 종료될 사건)
③ 노력의 결과를 만나기까지는 시간이 많이 걸릴 것입니다. (상당 기간
후에 종료될 사건)

이렇게 같은 시간을 말할 때도 여러 가지 표현이 필요합니다. 이런 것이
힘들다면 '단기간' '장기간' 처럼 직접적으로 표현해도 무방합니다.

지금 1년 반 째 만나고 있는 남자친구가 있어요. 한 몇 개월
전부터 이런저런 트러블이 많았는데 저도 많이 지쳤고.. 저
의 집에서 부모님도 그만 만나라고 재촉 하시구 그래서 며칠
전에 헤어지자고 했었어요. 그때 서로 너무 죽을 만큼 힘들
어하다 결국 못 헤어지겠다고 다시 만났는데 그 이후로 얘가
너무 힘들어하네요. 만나면서도 매일 밤마다 나가서 술 먹
고 힘들어 하구 저도 지켜보는 거 너무 힘들고 서로 정말 좋
아하는데 지금 헤어지는 게 옳은 결정일까 … 머 이런 것이
고민 되요. 지금 힘들어하는 걔한테 옆에 있어줘야 하는지
보내줘야 하는지요.

예문은 ③ 과거에는 발생하지 않았으나 현재 진행 중이며 미래에도 진행 중일 사건입니다. 그럼 이 경우도 ② 단기간 후에 종료될 사건 ③ 상당 기간 후에 종료될 사건이 될 수 있겠습니다.

시간은 어떻게 표현해야 할까요.
② 결론은 금방 내릴 수 있을 것 입니다. (단기간 후에 종료될 사건)
③ 결론을 내리더라도 정리되기까지 시간이 많이 걸릴 것입니다. (상당 기간 후에 종료될 사건)

시간은 진행되면서 사건을 변화시킵니다. 앞에서 삼각형을 말씀드렸습니다. 여기서도 삼각형은 빠지지 않습니다.

고민의 경우
① 고민을 멈추게 됩니다.
② 고민이 해결됩니다.
③ 고민이 더 커집니다.

희망의 경우
① 희망을 포기하게 됩니다.
② 희망을 이룹니다.
③ 희망이 점점 커집니다.

이처럼 우리는 카드를 읽어 해석을 할 때 사건의 진행방향과 시간을 설명해야 합니다. 카드에서 읽어낼 때 터무니없는 시간을 설명하지 않으려면 '질문의 시간'에 대한 자신만의 기준과 '답의 시간'에 대한 감각을 스스로 익히는 것이 중요합니다.

시간을 표현할 때 질문자는 원하는 것에 도착하는 시간에 집착합니다.
'언제쯤 남자가 생길까요.' '언제쯤 취직이 될까요?' '언제까지 이 고생을
해야 하나요?' '언제까지 부모님이랑 같이 살아야 할까요.' 그러나 전제조

건은 듣고 잊어버리는 경우가 많습니다. '기준을 낮추시면 금방 생길 것 같습니다. 질문자 분의 문제는 딱 하나 기준이니까요.' 라고 말하면 '금방 생길 것 같습니다.' 만 기억합니다. 그리고는 언젠가 다시 와서 항의할 것 입니다. '생긴다더니 안 생겼어요.' 그럼 다시 대답합니다. '기준을 버리셔야 금방 생긴다니까요.' 그럼 다시 불만을 표시합니다. '에이 언제요, 금방 된다고만 했지.' 물론 스스로 질문했을 때도 다르지 않습니다. 누구나 자꾸 네 글자를 까먹습니다. 전. 제. 조. 건. 질문자가 매번 까먹는 다고해도 해석에 있어서 빼먹을 수 없는 설명이니 전제조건이 무엇인지 살펴봅시다.

'언제' 는 질문자가 바람직한 방향으로 '개입' 했을 때 이루어질 수 있는 최단기간의 시점입니다. 여기서 '바람직한 방향의 개입' 이 전제조건입니다.

지금 1년 반 째 만나고 있는 남자친구가 있어요. 한 몇 개월 전부터 이런저런 트러블이 많았는데 저도 많이 지쳤고.. 저의 집에서 부모님도 그만 만나라고 재촉 하시구 그래서 며칠 전에 헤어지자고 했었어요. 그때 서로 너무 죽을 만큼 힘들어 하다 결국 못 헤어지겠다고 다시 만났는데 그 이후로 얘가 너무 힘들어하네요. 만나면서도 매일 밤마다 나가서 술 먹고 힘들어 하구 저도 지켜보는 거 너무 힘들고 서로 정말 좋아하는데 지금 헤어지는 게 옳은 결정일까 … 머 이런 것이 고민 되요. 지금 힘들어하는 걔한테 옆에 있어줘야 하는지 보내줘야 하는지요. 제가 어떻게 해야 예전으로 돌아올까요?

예문에 한 문장이 더 붙으면서 질문이 바뀌었습니다. 질문은 '제가 어떻게 해야 남자친구가 예전으로 돌아올까요?' 가 되었습니다. 전제조건을 찾으려면 질문자가 원하는 것부터 찾아야겠네요. 이번에는 '어떻게 – 무엇을 (How – What)' 질문자가 원하는 것입니다. '어떻게 무엇을'에 해당하는 전제조건을 위해 삼각형을 그려봅시다.

① 질문자가 최선을 다 할 것이라는 전제.
② 질문자가 긍정적인 영향을 주고 있다는 전제.
③ 질문자가 가장 원하는 것이라는 전제.

이 세 가지는 '가능하다' 전제조건의 삼각형입니다. 질문자는 최선을 다할 상황과 마음의 준비가 되어있고 질문자는 상황에 바람직하게 (긍정적으로) 속해 있으며 이것을 가장 원하는 상태입니다. 이 전제조건의 삼각형이 맞게 이루어져 있어야 '어떻게 –무엇을' 문장이 미래에 긍정적인 결과를 예측해 만들어지게 됩니다.

'어떻게 – 무엇을' 문장은 질문자가 원하는 것이 무조건 '가능하다'고 가정하고 만드는 것입니다.

우리는 고트프리트 빌헬름 라이프니츠의 '**최상의 세계 the best of all possible worlds**'를 통해 모든 사물에는 존재의 합당한 이유가 있으며 모든 문제는 인간이 스스로 해결할 수 있다고 배웠습니다. 우리는 최상의 세계에 살고 있으며 최상의 세계가 유지되려면 살고 있는 우리도 최상의 선택을 하도록 고안되어 있다는 뜻이지요. 즉 모든 것은 가능합니다.

그래서 전제조건이 중요합니다. 진짜 가능해야 하니까요. 그래서 질문자가 줄 수 있는 모든 개입요소가 긍정적이어야 합니다. 그래야 '가능하다' 삼각형이 완성될 수 있습니다. 여기서 세가지전제는 다음과 같습니다.

① 질문자가 애인을 위해 할 수 있는 노력을 다 할 것이라는 전제.
② 질문자가 잘 될 것이라고 생각하고 있다는 전제.
③ 질문자가 연애가 지속되길 원한다는 전제

삼각형이 주어졌으니 '어떻게-무엇을' 문장을 완성할 수 있겠습니다. '어떻게-무엇을' 문장의 답은 '언제까지 무엇을' 입니다. 이 질문에서는 '어떻게 해야 – 언제쯤' 돌아갈 수 있는가라고 해석해야 합니다.

① 믿음을 주고 기다리면 시간은 걸리겠지만.
② 믿음을 주면 금방.

예문에 최근의 헤어짐이 현재 트러블의 문제라는 것이 드러나 있기 때문에 무엇을 주어야 하는지는 금방 알 수 있습니다. '신뢰' 입니다. 신뢰를 주면서 장기간 기다려야 하는가. 신뢰를 주면서 단기간 기다려야 하는가를 답에서 포함하고 있어야 합니다.

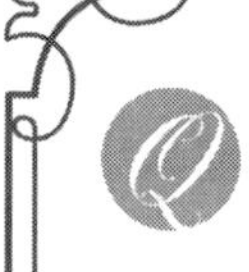

질문은 '어떻게 하면 서로 사랑하는 연애를 할 수 있을까요?' 가 되었습니다. 이 질문도 '어떻게 – 무엇을 (How – What)'문장입니다. 전제조건부터 살펴봅시다.

① 질문자가 연애를 하기 위해 노력할 준비가 되어있다는 전제.
② 질문자가 연애를 할 수 있다고 믿고 있다는 전제.
③ 질문자가 연애를 원하고 있다는 전제.

질문자가 연애를 할 수 있다는 믿음에 강력하게 집중하고 있다는 삼각형이 완성되면 결과는 긍정이라고 가정해야하고 희망이 이루어지기까지의 기간이 금방인가 시간이 좀 걸리는가 판단하면 답이 완성됩니다.

① 지금까지와 달리 무엇이 변하면, 시간은 걸리겠지만.
② 무엇이 변하면 금방.

문제가 있는 상태라면 행동의 변화가 있어야 상황이 바뀝니다. 행동이 무엇이고 무엇이 변해야 하는가는 카드를 통해 판단할 수 있습니다. 여기까지 우리는 어떻게 – 무엇을 (How – What)' 문장의 답을 살펴보았습니다. 그럼 그 반대는 어떨까요.

'어떻게–무엇을' 문장의 답이 '언제까지 무엇을' 이라면 반대로 '언제까지 무엇을(When–How)' 질문의 답은 '어떻게– 무엇을 – 언제까지' 입니다.

'언제까지 무엇을(When–How)' 문장의 삼각형부터 확인해 보겠습니다.

① 결과에 도달할 때까지 투자할 충분한 시간이 있으며.
② 무엇을 해야 하든 해낼 자신이 있으며.
③ 금전적 물질적으로 준비가 되어 있다.

'언제까지 무엇을(When-How)' 문장의 삼각형은 시간, 의지, 물질적인 자원이 준비되어 있는가를 바탕으로 합니다. 가장 중요한 것은 '시간' 입니다. '언제까지'에 해당하는 목적지에 도달하는 시점까지 충분한 시간이 없다면 '언제까지 무엇을'은 가능하지 않습니다. 질문이 불가능해지고 삼각형이 깨집니다. 가능하지 않은 데 무엇을 어떻게 해야 되는가는 의미가 없습니다. 그래서 이 삼각형에 문제가 없다고 가정하고 '가능하다'고 전제해야 질문의 답을 얻을 수 있습니다.

답은.
① 하던 대로 무엇을 단기간 동안
② 하던 대로 무엇을 장기간 동안
③ 도움을 받아 무엇을 단기간 동안
④ 도움을 받아 무엇을 장기간 동안
⑤ 지금까지와는 다르게 무엇을 단기간 동안
⑥ 지금까지와는 다르게 무엇을 장기간 동안

하던 대로 하거나, 도움을 받거나, 지금까지와는 다른 방식으로 장기간 또는 장기간 동안 '무엇을' 해야 하는지는 카드를 통해 판단해야 합니다. 자 다른 건 다 카드에서 말로 힌트가 나온다고 치더라도 장기간인지 단기간인지는 어떻게 판단하는지 알아야 합니다. 질문에 따라 달라질 수 있지만 대체적으로 기간은 두 가지로 나뉩니다.

① 무엇을 하는 기간
② 무엇을 기다리는 기간

무엇을 하는 기간은 대체로 특정위치에 도달하기 위해 노력을 하거나 시험을 준비 하는 기간이고 무엇을 기다리는 기간은 노력이나 준비를 마친 후 결과를 기다리는 기간입니다. 1번과 2번은 해석이 조금씩 다릅니다.

①무엇을 하는 기간? ➡ 그만 노력해도 되는 가, 더 노력해야 하는가.
②무엇을 기다리는 기간? ➡ 때가 되다, 때가 되지 않았다.

1번의 시간, 무엇을 하는 기간이 종료되었어야 2번의 시간이 도래합니다. 뭘 더해야 하는 건 아니더라도 때가 되지 않으면 기다려야 합니다. 질문자가 아직도 뭘 해야 하는 기간이라면 1번 기간. 일단 할 일은 다 하고 기다리는 중이라면 2번 기간이 될 것입니다. 또 다른 예문 하나를 살펴볼까요?

결혼한 지 좀 된 부부입니다. 언제부턴가 부부싸움이 잦아지다가 감정이 격해지면 부부싸움이 집안끼리의 싸움으로 번지게 되었습니다. 결국 몇 개월 전부터 헤어져서 살기 시작했습니다. 서로 냉각기를 가지고 떨어져 살다보면 서로에 대해 생각할 수 있게 될 것이고 어른이니까 조금만 냉정해지면 상황이 나아질 것으로 여겼습니다. 몇 개월이 지난 지금 상황은 나아지기는커녕 떨어져 있으니 그동안의 정도 사라졌는지 이혼소송을 걸어오겠다고 협박하고 있습니다. 전화통화라도 하면 심한 말만 하고 자기 말이 끝나면 끊어버리고 갈라서자는 말만 되풀이합니다. 대화는 할 수가 없고 대화를 시도할수록 감정만 더 상하는 상태라 이런 마음을 풀어보려고 편지도 써보고 달래보기도 하지만 상황은 더 나아질 기미가 보이지 않습니다. 답답해요. 우리부부 사이에 무슨 문제가 있을까요? 실마리를 찾아 문제를 풀어가고 싶은데 도무지 답이 없습니다. 어떻게 하면 좋을까요. 뭐가 문제일까요? 어떻게 얼마나 지나면 좀더 나은 상황이 될 수 있을 지 조언 좀 부탁드립니다.

문제를 약간 바꾸어 질문을 '무엇을 언제까지' 의 형태로 바꾸어 보았습니다. 전제조건부터 살펴봅시다.

① 남편과 다시 합칠 때까지 시간이 얼마가 걸리든 기다릴 수 있으며
② 남편이 이혼이 아닌 무엇을 요구하든 들어줄 수 있으며
③ 별거 기간 동안 금전적인 문제나 거주의 불안은 없다.

시간도 있고, 남편이 무엇을 요구하든 들어줄 수 있고, 기다릴 안전한 거주지와 충분한 금전이 주어진다면 이 부부는 다시 결합하게 될 것이라는 가능성에 대하 질문자와 카드리더가 한 점 의심도 없는 상태에서 답은 어떤 것이 될 수 있을까요?

① 지금처럼 한결같이 남편을 기다리면 단기간 후에
② 지금처럼 한결같이 남편을 기다리면 장기간 후에
③ 친지나 지인의 개입을 통해 노력하면 단기간 후에
④ 친지나 지인의 개입을 통해 노력하면 장기간 후에
⑤ 지금까지 해보지 않았던 '어떤' 노력을 하면 단기간 후에
⑥ 지금까지 해보지 않았던 '어떤' 노력을 하면 단기간 후에
⑦ 충분한 노력을 다 했으니 단기간만 기다리면.
⑧ 충분한 노력을 다 했지만 때가 아니니 장기간을 기다릴 수 있다면

그냥 기다리면 되는지 누가 개입하면 되는지 '어떤' 노력을 하면 되는지는 카드를 통해 읽어내야 합니다. 기간이 두 가지로 나뉜다고 앞에서 설명해드렸지요. 장기간, 혹은 단기간 동안 노력을 더 해야 하는 상황인지, 기다리기만 하면 되는 때 인지도 카드를 통해 읽어내야 합니다. 질문자는 미리 말하지 않았지만 상황이 좋아지게 하려는 아무런 노력도 하지 않은 상태라면 노력해야 한다고 카드를 읽어 주어야 하니까요.

부정적인 감정을 나타내는 단어들

　질문에서 문제와 우선순위를 결정하는 방법도 배웠고 시간의 흐름도 배웠습니다. 그런데 알아두어야 할 것이 남아있습니다. 부정적인 감정을 나타내는 문장을 먼저 알아두고 고려하는 것입니다. 부정적인 감정들은 문제를 암시하고 드러내지 않은 문제의 배경의 힌트가 될 수 있으니 배워둡시다.

 　긴장 – 불안 – 걱정

겁먹다. 겁나다
불안하다. 불안스럽다.
안절부절 못하겠다.
참을성이 없다. 참을 수가 없다. 참을 수가 없는 느낌이다.
신경과민 적이다. 신경과민 같다.
신경질 적이다. 신경질적으로 보인다.
초초하다. 초초하게 느껴진다.
겁에 질렸다. 겁에 질릴 지경이다.
긴장하다. 긴장했다. 긴장한 느낌이다.
편안하지 않다. 편안하지 않아 보인다. 편안하지 않은 느낌이다.
걱정스럽다. 걱정하다.

 ## 슬픔 – 우울함 –괴로움

풀이 죽다. 풀죽어 보인다.

쓸쓸하다. 쓸쓸한 느낌이다.

의기소침하다. 의기소침한 느낌이다.

우울하다. 우울해 보인다. 우울한 느낌이다.

침울하다. 침울해 보인다. 침울한 느낌이다.

울적하다. 울적해 보인다. 울적한 느낌이다.

마음이 내키지 않는다. 마음이 내키지 않아 보인다.

상심한 상태다. 상심한 상태로 보인다. 상심한 느낌이다.

외롭다. 외로운 상태다. 외로운 느낌이다.

비참하다. 비참해 보인다. 비참한 느낌이다.

애처롭다. 애처로워 보인다. 애처로운 느낌이다.

슬프다. 슬퍼 보인다. 슬픈 느낌이다.

비탄한다. 비탄에 잠겼다. 비탄한 것으로 보인다.

음울하다. 음울해 보인다. 음울한 느낌이다.

눈물나다. 눈물나게. 눈물날 것 같다. 눈물 흘릴 것처럼 보인다.

불행하다. 불행해 보인다. 불행한 느낌이다.

사랑받지 못하다. 사랑받지 못하는 것처럼 보인다. 사랑받지 못한 것 같은 느낌이다.

기운 없다. 기운 없어 보인다. 기운 없는 느낌이다.

기분이 나쁘다. 기분 나빠 보인다. 기분 나쁜 느낌이다.

 ## 분 노

흥분하다 흥분한 것 같다. 흥분한 느낌이다.

괴롭히다. 괴롭힌 것 같다. 괴롭힘 당한 느낌이다.

화나다. 하난 것 같다. 화난 느낌이다.

성가시다. 성가신 것 같다. 성가신 느낌이다.

폭력적이다. 폭력적인 것 같다. 폭력적인 느낌이다.

신랄하다. 신랄한 것 같다. 신랄한 느낌이다.

통렬함을 느낀다.

살벌하다. 살벌했다. 살벌한 것 같다. 살벌한 느낌이다.

냉혈하다. 냉혈한 것 같다. 냉혈한 느낌이다.

투쟁적이다. 투쟁적인 것 같다. 투쟁적인 느낌이다.

수난 당했다.

잔인하다. 잔인했다. 잔인한 것 같다. 잔인한 느낌이다.

넌더리난다. 넌더리난 것 같다. 넌더리난 느낌이다.

성나다. 성났다. 성난 것 같다. 성난 느낌이다.

노하여 날뛰다. 노하여 날뛴 것 같다. 노하여 날뛰었다고 생각한다.

가혹하다. 가혹했다. 가혹한 것 같다. 가혹한 느낌이다.

밉다. 미웠다. 미운 것 같다. 미운 느낌이다.

무정하다. 무정했다. 무정한 것 같다. 무정한 느낌이다.

몹쓸 것이란 느낌이 든다.

적대적이다. 적대적이었다. 적대적인 것 같다. 적대적인 느낌이다.

몰인정하다. 몰인정한 것 같다. 몰인정한 느낌이다.

비열하다. 비열한 것 같다. 비열한 느낌이다.

난폭하다. 난폭한 것 같다. 난폭한 느낌이다.

짜증나다. 짜증난 것 같다. 짜증나는 느낌이다.

독이 되다. 독인 것 같다.

분노하다. 분노한 것 같다. 분노하는 느낌이다.

버릇없다. 버릇없는 것 같다. 버릇없다는 느낌이다.

무자비하다. 무자비한 것 같다. 무자비하다는 느낌이다.

가학적이다. 가학적인 것 같다. 가학적이라는 느낌이다.

악의에 차다. 악의에 가득 찬 것 같다. 악의라는 느낌이 든다.

앙심을 품었다. 앙심을 품은 것 같다. 앙심을 품었다는 느낌이 든다.

보복한다. 보복적이다. 보복을 하고 싶다. 보복하고 싶어 하는 것 같다. 보복을 하려는 것 같다. 보복을 할 것이라는 느낌이 든다.

폭력적이다. 폭력을 행사하고 싶다. 폭력을 행사하고 싶어 하는 것 같다. 폭력을 행할 것이라는 느낌이 든다.

악덕한 사람이다. 악덕한 사람이 되고 싶다.

 ## 포 기

포기한다. 포기하고 싶다. 포기한 것 같다. 포기할 것이란 느낌이 든다. 포기해야 한다고 생각한다.

냉담하다. 냉담한 것 같다.

지루하다. 지루한 것 같다. 지루하다는 느낌이 든다.

지쳤다. 지친 것 같다. 지친 것 같다는 느낌이 든다.

나태하다. 나태해진 것 같다. 나태한 것 같다는 느낌이 든다.

피곤하다. 피곤해진 것 같다. 피곤하다는 느낌이 든다.

기진맥진 한 상태다.

 ## 혼 란

혼란스럽다. 혼란스러운 것 같다. 혼란스러울 것이란 느낌이 든다.

당황스럽다. 당황스러운 것 같다. 당황스러울 것이란 생각이 든다.

어리둥절하다. 어리둥절한 것 같다.

의심스럽다. 의심스러운 것 같다. 의심스러울 것이란 느낌이 든다.

산만하다. 산만한 것 같다.

흔들렸다. 흔들린 것 같다. 흔들릴 것 같다. 흔들릴 것이란 생각이 든다.

멍하다. 멍해졌다. 멍할 것 같다. 멍할 것이란 생각이 든다.

말문이 막혔다. 말문이 막힐 것 같다. 말문이 막힐 것이란 생각이 든다.

주저했다. 주저할 것 같다. 주저할 것 같다는 생각이 든다.

정신이 팔렸다. 정신이 팔릴 것 같다. 정신이 팔렸다는 생각이 든다.

난처하다. 난처한 것 같다. 난처할 것 같다. 난처할 것이라는 생각이 든다.

어찌해야할지 모르겠다. 어찌해야할지 모를 것이다.

꼼짝 못하겠다. 꼼짝 못할 것 같다.

불확실하다. 불확실 한 것 같다. 불확실 하게 느낄 것이다.

자신이 없다. 자신이 없을 것 같다. 자신이 없다는 느낌일 것이다.

 ## 부끄러운

부끄럽다. 부끄러운 것 같다. 부끄럽다고 생각할 것이다. 부끄러운 느낌이다.

학대받았다. 학대받은 것 같다. 학대받을 것 같다. 학대 받았다고 생각할 것이다. 학대받는 느낌이다.

얕잡아 보였다. 얕잡아 본 것 같다. 얕잡아 보았다고 생각할 것이다.

깔보임 당했다. 깔보임 당할 것 같다. 깔보임 당했다고 생각할 것이다. 깔보임 당한 느낌이다.

비난받았다. 비난 받은 것 같다. 비난 받을 것이다. 비난 받았다고 생각할 것이다. 비난 받은 느낌이다.

난처하다. 난처할 것 같다. 난처한 느낌이다.

굴욕감을 느낀다. 굴욕감을 느낄 것이다.

놀림 받았다. 놀림 받은 것 같다. 놀림 받을 것이다. 놀림 받았다고 생각할 것이다. 놀림 받은 느낌이다.

조롱 받았다. 조롱 받은 것 같다. 조롱받을 것이다. 조롱 받았다고 생각할 것이다. 조롱 받은 느낌이다.

추방당했다. 추방당한 것 같다. 추방 받을 것이다. 추방당했다고 생각할 것이다. 추방당한 느낌이다.

무시했다. 무시당한 것 같다. 무시당할 것이다. 무시당했다고 생각할 것이다. 무시당한 느낌이다.

혼났다. 혼난 것 같다. 혼낼 것이다. 혼났다고 생각할 것이다.

경멸당했다. 경멸당한 것 같다. 경멸할 것이다. 경멸했다고 생각할 것이다. 경멸당한 느낌이다.

욕먹었다. 욕할 것 같다. 욕했다고 생각할 것이다. 욕먹은 기분

우리는 기준이 되는 단어와 짧은 문장을 통해 질문자의 감정상태를 볼 수 있는 힌트를 살펴보았습니다. 앞으로 지금 배우신 것들이 질문에 포함된 내용을 듣고 판단하는 기준이 될 수 있을 것입니다.

해석을 하려면 먼저 질문자의 느낌을 이해해야 합니다. 상대방의 의도와 목적을 아는 것은 훈련을 통해 가능해지고, 능숙해집니다. 그 힌트가 되는 것이 이런 단어와 문장에 대한 공부입니다. 그것이 앞에서 살펴본 감정을 싣는 단어들입니다.

이제 우리는 미약하게나마 질문의 내용을 통해 감정을 판단할 수 있게 되었습니다. 이제 실제부터 현실로 돌아가 질문자가 원하는 무엇을 말해주어야 하는지 찾아내 타로카드를 읽어봅시다.

맺음말

지금까지 타로카드를 뜻으로 읽는
아주 많은 방법들을 소개했습니다.
이것은 여러분이 영적능력이나 감으로 판단하지 않고
타로카드 그 자체로 질문의 해답을 얻는 방법들과
그것을 연습하는 방법들입니다.

이 책에서 서술한 많은 방법들은
같은 질문과 같은 카드의 조합에서 같은 결과를 도출할 수 있도록 하여
가능한 결과가 규칙성을 가질 수 있도록 하는 방법들입니다.

타로카드의 종류에 구애받지 않으며 어떤 타로카드도 매뉴얼을 분석하고
활용하여 같은 방식으로 해석할 수 있도록 구성하였습니다.

이것으로 타로카드가 대충 읽어도 가능한 도구라는 이야기들이
더 이상 나오지 않기를 바랍니다.

이 책에 나오는 기술을 모두 익숙하게 사용할 수 있다면
당신은 C.T.R (Certificated Tarot Reader)급의 실력을 가진
타로리더라고 볼 수 있습니다.
수고하셨습니다.